Copyright © 2023 Alcione Marques e Gustavo M. Estanislau
Copyright desta edição © 2023 Autêntica Editora

Publicado mediante acordo com a agência literária Mil-Folhas.

Todos os direitos reservados pela Autêntica Editora Ltda. Nenhuma parte desta publicação poderá ser reproduzida, seja por meios mecânicos, eletrônicos, seja via cópia xerográfica, sem a autorização prévia da Editora.

EDITORAS RESPONSÁVEIS
Rejane Dias
Cecília Martins

REVISÃO
Lívia Martins

PROJETO GRÁFICO
Diogo Droschi

DIAGRAMAÇÃO
Guilherme Fagundes

CAPA
Alberto Bittencourt
(sobre imagem de Shutterstock / Monkey Business Images)

Dados Internacionais de Catalogação na Publicação (CIP)
(Câmara Brasileira do Livro, SP, Brasil)

Marques, Alcione
  Dilemas na educação : novas gerações, novos desafios / Alcione Marques, Gustavo M. Estanislau. -- 1. ed. -- Belo Horizonte, MG : Autêntica, 2023.

  Bibliografia.
  ISBN 978-65-5928-296-8

  1. Ambiente de sala de aula 2. Aprendizagem - Metodologia 3. Bullying nas escolas 4. Educação sexual 5. Educação socioemocional 6. Professores e alunos 7. Professores - Saúde mental I. Marques, Alcione. II. Estanislau, Gustavo M.

23-157195   CDD-370.1

Índice para catálogo sistemático:
1. Educação 370.1

Aline Graziele Benitez - Bibliotecária - CRB-1/3129

Belo Horizonte
Rua Carlos Turner, 420
Silveira . 31140-520
Belo Horizonte . MG
Tel.: (55 31) 3465 4500

São Paulo
Av. Paulista, 2.073 . Conjunto Nacional
Horsa I . Sala 309 . Bela Vista
01311-940 . São Paulo . SP
Tel.: (55 11) 3034 4468

www.grupoautentica.com.br
SAC: atendimentoleitor@grupoautentica.com.br

ALCIONE MARQUES e
GUSTAVO M. ESTANISLAU

DILEMAS NA EDUCAÇÃO

NOVAS GERAÇÕES, NOVOS DESAFIOS

autêntica

Prefácio | p. 7

Introdução | p. 11

1 **A construção da autonomia e a aprendizagem** | p. 19

2 **A construção da autoridade na escola** | p. 35

3 **Sexualidade e educação sexual na escola** | p. 61

4 **Problemas de aprendizagem** | p. 89

5 **Altas habilidades** | p. 111

6 *Bullying* | p. 125

7 **Abuso de substâncias** | p. 151

8 **Comportamentos autodestrutivos**
Suicídio na infância e na adolescência | p. 171

9 Os impactos da tecnologia | p. 203

10 A saúde mental do professor | p. 229

11 Situações de crise no contexto escolar | p. 247

Referências | p. 269

Sobre os autores | p. 295

PREFÁCIO

Prefaciar um livro é sempre um enorme desafio, inicialmente, porque não é como uma apresentação dos capítulos. Isso cabe aos autores, que nesta obra a fizeram muito bem. Mas, e na vida sempre temos um "mas", cabe a quem faz o prefácio aguçar o desejo pela leitura.

Alcione e Gustavo, devo reconhecer, facilitaram meu trabalho ao fazerem quatro coisas que me são muito caras, e tenho convicção de que fisgarão também vocês, leitores.

A primeira é que trabalham com casos, que chamo de cenas, ou seja, somos convidados a ler uma situação real. Sendo assim, é impossível não existir uma identificação. Minha maior surpresa não foi em relação aos que eu como professor ou gestor já presenciei e vi tão bem escritos, mas sim aos casos com que não lidei. Ao lê-los, senti a veracidade que tinham e assumiam.

A segunda é a reflexão a partir da situação narrada. Adorei, e tenho certeza de que gostarão de ver os autores e seus convidados responderem a questões suscitadas pelos casos. Vi-me, diversas vezes, contemplando as questões e, em outras, fazendo-me diferentes questionamentos, o que prova que a intenção dos autores não é fornecer um receituário, o que nos dá margem para novas possibilidades reflexivas.

A terceira é, claramente, a colaboração. Os autores admitem que a obra ganha maior relevância e profundidade por eles contarem com as valorosas contribuições dos especialistas que se dispuseram a estar com eles nesta empreitada. Aqui, neste pormenor, para mim reside um "pormaior": ler quem escreveu em colaboração é certeza de vivenciar a colaboração.

Por fim, mas não menos importante, percebi que nos aproximamos procedimentalmente na seção "Algumas orientações". Reitero a preocupação dos autores de não fornecerem um receituário, mas

– e que "mas" delicioso de escrever – não se furtam de indicarem possibilidades. Uma das minhas maiores dificuldades ao entregar um texto, e acredito ser de qualquer escritor é: será que me fiz entender? E gostei muito dessa seção, pois ela soa como um convite para um diálogo muito franco: "Vocês, leitores, têm possibilidades interpretativas que podem ter lhes permitido ir a outras paragens, porém o que nós queríamos propor é...". Então, em seguida, aparecem algumas recomendações.

Diariamente, em minhas redes sociais, posto uma série que intitulo "Para pensar fora da caixinha", e este livro é um perfeito compêndio de textos que nos convidam a fazer esse exercício. Espero que os leitores sintam o mesmo prazer que senti. O mais interessante foi pensar nas pessoas para as quais pretendo dar esta obra de presente, profissionais que tenho convicção de que adorariam sentar-se com Alcione e Gustavo e seus convidados para refletirem.

Por fim, creio que valha a pena narrar como conheci Alcione. Fui convidado a participar de uma formação on-line, para experimentar a realidade virtual em processos formativos. Nestas ironias da vida, não estaria na cidade que resido, São Paulo, mas em Porto Alegre, onde participei do evento e logo saí correndo para a vida real que me esperava.

No dia seguinte, eu estava à beira do Guaíra quando Alcione me ligou para uma rápida conversa avaliativa – que durou mais de uma hora. É cada vez mais claro para mim que é assim que se sucede quando encontramos pessoas que compartilham de nossas visões de mundo. E, desde então, iniciamos uma proximidade profissional de mútua admiração, que adentra o campo do pessoal. Fiquei muito feliz de ter conhecido um pouco do Gustavo por meio desta obra. Redes de colaboração se tecem dessa forma.

Nas coincidências que a vida nos apresenta, agora, para escrever este prefácio, encontro-me em Barcelona, fazendo o meu segundo pós-doutoramento. Pausar os meus estudos aqui para ler *Dilemas na educação: novas gerações, novos desafios* e na sequência escrever este texto foi uma grata surpresa, uma forma de validar minha opinião de que a colaboração sempre vale a pena.

    Verdadeiramente, espero com o meu texto instigá-los, caros leitores, a se entregarem à leitura desta obra. Permitam-se sentar-se com Alcione, Gustavo e com cada convidado apresentado por eles, e ter a oportunidade de aprender um pouco mais, como eu, que muito aprendi.

Cristiano Rogério Alcântara
Coordenador Pedagógico e Líder do GCOL
Barcelona, 13 de maio de 2023

INTRODUÇÃO

Possivelmente vivemos no Brasil um momento em que o tema educação está, mais que nunca, presente nas mídias e nos debates de diferentes setores. No contexto atual, a escola assume protagonismo, vista por alguns como salvação para os complexos problemas sociais da atualidade e por outros com desconfiança sobre sua capacidade de efetivamente contribuir para as demandas de uma sociedade muito distante daquela em que o modelo de escola que conhecemos surgiu.

Instituição tradicional inserida em um contexto socioeconômico que atravessa drásticas mudanças, a escola vem passando, nos últimos anos, por um processo de adaptação importante em busca de se estabelecer o que deve ser mantido e se identificar o que deve ser reformulado – tarefa complicada e nem sempre bem-sucedida.

Não é demais lembrar alguns dos diversos aspectos que compõem a complexidade deste momento: mudanças no paradigma familiar com a diversificação das configurações estruturais e um exercício de autoridade mais horizontal; renovações no mercado de trabalho com o surgimento e o desaparecimento de várias profissões e diferentes relações de poder nas organizações; a dinâmica econômica global, que apresenta perspectivas incertas, e a revolução tecnológica, que modificou nossa forma de nos comunicar e, de modo geral, conviver. Tudo isso sem considerar as transformações trazidas pela pandemia de Covid-19, entre elas a maior pressão para o uso efetivo das novas tecnologias no ensino.

Em contraponto a essa nova realidade, há um consenso de que a escola, como a conhecemos nos dias de hoje, ainda se norteia muito por estratégias consolidadas entre os séculos XVII e XIX. Aulas ministradas em grupos por um professor que, geralmente, ensina de modo expositivo um conteúdo estático, partindo do princípio de que todos os seus alunos aprendem da mesma forma, ainda são a regra.

Enquanto isso, só vem crescendo a relevância da educação escolar na sociedade pós-moderna (denominação sociológica para o período em que vivemos), não só por influência de uma economia que demanda uma população mais escolarizada, mas também pelo consequente aumento da expectativa das famílias com relação à educação formal diante das incertezas do futuro. Nesse contexto, o educador assume um papel ainda mais estratégico na formação dos indivíduos, uma vez que muitos deles passam mais tempo com o professor do que com a própria família. Além disso, o educador se tornou um mediador fundamental na construção do conhecimento e no desenvolvimento do pensamento crítico em uma sociedade onde a informação – nem sempre qualificada – está cada vez mais disponível.

Infelizmente, em um momento tão desafiador, a relação entre a escola e as famílias vem enfraquecendo, frequentemente se caracterizando por uma desconfiança mútua. A escola, muitas vezes assumindo o estigma social de que a culpa pelo comportamento das crianças é proveniente da falha na educação dada pelos pais, projeta na família a dificuldade que enfrenta com o estudante. Por sua vez, há uma parcela das famílias com pouca disposição de participar do processo da educação escolar e que acaba delegando a tarefa exclusivamente à instituição de ensino, além de atribuir a ela total responsabilidade quando os resultados não são os esperados.

A exacerbação no comportamento de consumo e o individualismo são características que desafiam o propósito escolar, que deveria ter como pressuposto a colaboração e a promoção de relações igualitárias. A escola passa assim a ser entendida não como instituição com a missão coletiva de desenvolver as novas gerações em prol da vida em sociedade, mas a serviço dos desejos e das necessidades individuais a partir de um entendimento mercantilista das relações, associado a ideias como a de que "o cliente sempre tem razão", levando a um questionamento nem sempre legítimo por pais de aspectos técnico-pedagógicos e à pressão por mudanças que, em muitos casos, levarão ao prejuízo da própria educação escolar.

O fenômeno chamado por alguns de "infantolatria" ou "superparentagem" – quando os pais passam a viver em função do filho e de seus desejos – tem se tornado mais comum. É evidenciado em contextos familiares que valorizam pouco a disciplina, o esforço e o estabelecimento de limites, e que têm dificuldades em lidar com experiências que possam gerar frustração aos filhos. O que se percebe é que esse excesso de cuidado pode ocasionar em crianças e adolescentes dificuldades provenientes da esquiva frente aos desafios próprios da aprendizagem e à redução da autonomia e da persistência, tão necessárias nesse processo.

Por outro lado, a escola também não tem conseguido lidar bem com a questão da autoridade em uma sociedade com relações mais horizontais. O resultado é que age ora de modo autoritário, ora de maneira permissiva, o que aumenta a tensão na resolução dos problemas ao comprometer a coerência necessária para a compreensão das regras e limites estabelecidos, contribuindo para um contexto que exacerba os conflitos e dificulta a convivência.

Diante de questões tão complexas, os ambientes de ensino vivem tempos de reflexão e reformulação. E, mesmo que não possamos acreditar em soluções simples ou rápidas para essas demandas, desistir de encontrar formas melhores para a atuação da escola não é uma possibilidade.

O surgimento desse novo panorama carece da modificação dos recursos tradicionais de formação dos educadores. Nesse sentido, o setor da educação passou a procurar apoio em diversas áreas de conhecimento, num trabalho multi e interdisciplinar na valiosa inter-relação da educação com outros domínios da ciência a fim de gerar reflexões e encontrar respostas que favoreçam um modelo de escola mais condizente com a realidade atual.

Como parte dessa força-tarefa, compartilhamos aqui nossa experiência interdisciplinar, que associa recursos da educação e da saúde mental e que vem se mostrando importante em diversas escolas que procuram caminhos inovadores para enfrentar os dilemas coletivos, bem como no suporte a alunos com problemas de aprendizagem, transtornos mentais ou outras condições que afetam o aprendizado e o desenvolvimento integral.

Em vários capítulos apresentamos alguns "casos", dilemas reais vividos pelas escolas, educadores e pais e divididos conosco em nossos anos de experiência profissional nas respectivas áreas, que aqui trazemos para dar mais concretude às situações e aos temas discutidos neste livro. Para trazer mais aprofundamento e diversidade de olhares a esses dois campos de perspectiva – Educação e Saúde –, contamos igualmente com a colaboração de renomados especialistas no assunto tratado, comentando o caso apresentado e respondendo a questionamentos comuns sobre o tema em questão.

Além da participação desses especialistas, tivemos a inestimável colaboração de Edson Roberto Vieira de Souza, convidado para desenvolver o capítulo "Comportamentos autodestrutivos: suicídio na infância e na adolescência"; e de Ana Paula Dias Pereira e Clarice Sandi Madruga, autoras do capítulo "Abuso de substâncias", as quais, com seu conhecimento e experiência, enriqueceram esta obra com temas que certamente compõem os dilemas que a escola vive.

Esperamos que este livro, mais do que simplesmente apresentar uma "receita de bolo" para situações complicadas, seja um norteador de condutas, um amplificador de debate e um incentivador do trabalho multidisciplinar. Talvez estes tempos complexos exijam, mais do que nunca, o reconhecimento de que, no trabalho de colaboração entre as ciências, estão muitas das respostas que buscamos.

Alcione Marques e
Gustavo M. Estanislau

Diante de questões tão
complexas, os ambientes
de ensino vivem tempos de
reflexão e reformulação.

Foto: Freepik

CAPÍTULO 1

A construção da autonomia e a aprendizagem

Temos percebido o aumento do número de crianças e adolescentes com problemas de aprendizagem relacionados, de algum modo, à falta de autonomia.

São crianças que têm maior dificuldade de lidar com o erro, de persistir em uma tarefa mais exigente, de resolver problemas e mesmo de pensar de maneira mais flexível e complexa. É comum que essas crianças ou jovens achem difícil fazer escolhas, tenham baixa motivação para o aprendizado, pouca curiosidade e baixa tolerância à frustração. E, embora essas características também ocorram em crianças nos anos iniciais do ensino fundamental, elas ficam mais evidentes nos anos finais dessa etapa de ensino e no ensino médio, quando a autonomia passa a ser mais relevante na aprendizagem escolar.

Podemos definir "autonomia" como a capacidade de o indivíduo dar orientação às suas ações por si mesmo e de poder tomar uma decisão baseado nas informações disponíveis. Está associada a poder governar-se com liberdade, independência e responsabilidade para organizar a experiência e o próprio comportamento.

Evidentemente, a pessoa terá diferentes níveis de autonomia ao longo da vida: é quase inexistente quando nascemos e espera-se que seja plena quando nos tornamos adultos. Ou seja, partimos da heteronomia (quando somos regulados e nossas ações são conduzidas por forças externas) para a autonomia (quando introjetamos a capacidade de direcionar nossas ações e de nos autorregularmos, e é algo que vai se construindo a partir das sucessivas experiências individuais e coletivas). Podemos dizer, assim, que a autonomia que se espera do adulto poderá ser plena, mas nunca será absoluta, uma vez que, como seres que vivem coletivamente, sempre nos sujeitamos a algum nível de controle externo e dependemos de outros em diversos aspectos.

A crescente falta de autonomia de crianças e adolescentes pode estar relacionada com o modo como muitas famílias vêm lidando com os filhos nos últimos anos, já que o aumento da parentalidade excessiva ou *overparenting* ("superparentagem") é um fenômeno presente em diversos países, com pais supervisionando e controlando demasiadamente os filhos em idades em que já deveriam ter maior autonomia, e fazendo por eles o que estes já poderiam fazer por si mesmos.

As escolas muitas vezes não consideram o desenvolvimento da autonomia como um objetivo pedagógico e não incluem ações voltadas a sua construção, sendo uma habilidade comumente deixada de lado no processo de aprendizagem.

CASO 1

Relato de um psicopedagogo

"Os pais procuraram atendimento psicopedagógico para sua filha de 6 anos por orientação da escola, uma vez que percebiam grande dificuldade no processo de alfabetização.

Quando marcaram a consulta, chamou-me a atenção o fato de os pais perguntarem se deveriam ir ao atendimento levando também os avós, que ficavam durante o dia com a menina e, segundo eles, participavam muito de sua educação.

Esclareci que eles eram os pais e que o melhor seria que a conversa acontecesse apenas com ambos.

Os pais relataram no encontro que a filha pedia para não ir às aulas, dizendo que as atividades eram muito difíceis, e eles acabavam por ceder. Buscando saber mais sobre a rotina da menina, contaram que ela ainda dormia todas as noites com eles na cama e mesmo com os avós, quando estavam na casa destes. Era única filha e única neta, muito esperada pela família, então buscavam satisfazer a todas as suas vontades e resolver qualquer problema que tivesse. A criança costumava jogar jogos eletrônicos no *tablet* e, quando perdia ou não conseguia atingir um objetivo, ficava frustrada e atirava o aparelho ao chão, chorando."

CASO 2

Relato de um orientador educacional

"Maurício era um garoto de 13 anos que estava no 8º ano do ensino fundamental. Havia dois anos, vinha apresentando dificuldades na escola, conseguindo ser aprovado com as notas mínimas, e, naquele ano, a orientadora educacional temia que ele fosse reprovado. Tinha professores particulares para praticamente todas as disciplinas e um tutor para auxiliá-lo com as tarefas. Com frequência, esquecia materiais e tarefas em casa, que os pais buscavam e levavam para a escola.

Nos encontros com Maurício e sua família, ele se mostrava inseguro para responder até mesmo a perguntas simples, buscando com os olhos os pais, que rapidamente respondiam por ele. Nas aulas, tinha dificuldade em manifestar suas opiniões, dizendo muitas vezes que não sabia, e não conseguia interpretar textos mais complexos ou desenvolver uma argumentação mais profunda.

Contou à orientadora que os pais não permitiam que saísse com os amigos, mesmo para ir a um shopping center, sem a supervisão deles. E que não podia ir sozinho até a padaria que ficava a duas quadras de sua casa. Mostrava-se apático e sem motivação para os estudos, dizendo sentir que não 'tinha jeito' para a escola."

1 Como a escola deve lidar com pais superprotetores, como parecem ser os dois casos?

ALCIONE MARQUES - O objetivo da escola é o aluno. Sua aprendizagem e seu desenvolvimento têm de ser prioridade, não se pode perder esses objetivos de vista para atender aos desejos ou costumes da família. A escola precisa pensar, para cada etapa do ensino, ações que incentivem a autonomia dos alunos tanto no próprio processo pedagógico quanto nas diversas situações que ocorrem dentro da escola. Penso que, por exemplo, é melhor que a escola não autorize os pais a levar materiais ou trabalhos dos filhos quando estes os esqueceram em casa. Isso significa promover a falta de autonomia e responsabilidade dessas crianças e é um desserviço à educação. No mais, é importante que a escola promova espaços de discussão e troca com as famílias, em que a questão da autonomia também seja tratada.

2 Ao criar situações que promovam a autonomia na escola, não se corre o risco de desestabilizar a relação familiar? Se sim, essa deveria ser uma preocupação da escola? Ou não, uma vez que escola e família têm papéis diferentes na formação e educação da criança?

ALCIONE MARQUES – Quando a escola promove a autonomia de um estudante educado de maneira mais dependente, é possível, sim, que se desestabilize a relação familiar – mas isso não é necessariamente negativo. O aumento da autonomia da criança ou do adolescente certamente modificará algumas dinâmicas familiares, que poderão se tornar mais saudáveis no reconhecimento do espaço que esse integrante da família pode passar a ocupar com seu crescimento. Lembro que, em casos mais difíceis, pode ser indicado o apoio de um psicólogo para que a família possa valorizar e compreender a crescente autonomia do filho.

3 O que a escola pode fazer quando percebe que o problema de aprendizagem do aluno está relacionado à sua pouca autonomia?

ALCIONE MARQUES – A escola terá de atuar no sentido de ajudar o aluno a ganhar essa autonomia e buscar fortalecer os outros aspectos que essa falta pode ter afetado. Se o aluno tem dificuldade em solucionar problemas, por exemplo, por ter pouca flexibilidade mental e não conseguir avaliar diferentes possibilidades, a escola precisa criar situações que o estimulem a exercitar essa habilidade; se o pensamento crítico e a capacidade de elaboração estiverem empobrecidos, pode propor situações que favoreçam o pensamento mais complexo. Mas a escola deve, sobretudo, levar o aluno a encontrar a satisfação que vem do sentimento de autoeficácia, da percepção de que ele pode fazer sozinho e de que pode contar consigo. Esses sentimentos relacionam-se diretamente com a motivação para aprender e estimulam a curiosidade. No fundo, essas ações precisam ser pensadas para todos os alunos e aqueles que têm menos autonomia certamente serão beneficiados.

4 **Pode ser necessário o auxílio de outros profissionais, como um psicólogo ou um psicopedagogo?**

ALCIONE MARQUES – Eventualmente, sim, a depender da extensão dos problemas de aprendizagem ou da dependência que o aluno tem dos pais, o que pode levar a outras questões emocionais que geram sofrimento. Esses profissionais poderão também auxiliar a família a compreender a conveniência de mudanças ou mesmo a entender sua própria necessidade de manter o filho dependente. Mas a escola precisa se comprometer em ser promotora da autonomia, procurar conhecer o trabalho dos terapeutas e alinhar as ações para criar a sinergia que certamente ajudará no desenvolvimento do aluno.

5 **No caso de alunos com algum tipo de deficiência, que demandam uma atenção diferenciada para seu processo de aprendizado ou para lidar com situações mais complexas, como a escola deve atuar?**

ALCIONE MARQUES – O tempo todo a escola e os educadores têm de se perguntar: "O que posso ensinar ao aluno para que ele possa fazer mais por si só? Como posso criar mais espaços de autonomia e independência para este aluno?". Tenho visto escolas com *ótimas* equipes de apoio a alunos com diversas necessidades, mas algumas delas têm incorrido no erro de apoiar o aluno sem promover sua independência e autonomia. Deve-se pensar constantemente em tornar esses profissionais cada vez mais desnecessários para o aluno; esta é sua maior contribuição. A escola não pode acomodar-se nem deixar o aluno se acomodar em um apoio estático. Esse suporte tem de existir, mas tem de ser dinâmico, buscando apresentar sempre um desafio ideal, que seja mobilizador e ao mesmo tempo que *não esteja distante de suas possibilidades. O melhor que a escola pode fazer por esse aluno é torná-lo o mais autônomo possível.*

6 Os casos retratam situações de falta de autonomia. Há situações em que o contrário, ou seja, o excesso de autonomia ou liberdade dada à criança ou ao jovem pode gerar problemas de aprendizagem, como dificuldade de aceitar regras ou de convívio em um espaço coletivo?

ALCIONE MARQUES - A autonomia necessariamente tem de estar relacionada com a idade e com a personalidade da criança. Além disso, há diferentes níveis de autonomia, a depender de que aspecto da vida estamos falando. No primeiro caso, podemos perceber que à criança de 6 anos foi dada uma autonomia excessiva para decidir se irá ou não para a escola – decisão que, sem dúvida, tem de ser dos pais. Assim, não é incomum que as famílias mostrem dificuldades em estabelecer não só o nível de autonomia como também sobre quais aspectos da vida. Uma criança de 10 anos, por exemplo, pode ter autonomia para escolher que roupa usar e se quer ou não brincar com o vizinho, mas não pode decidir, sozinha, se dormirá ou não fora de casa. Se a autonomia for dada em situações em que a criança ou o adolescente ainda não pode avaliar totalmente as consequências ou mesmo se responsabilizar por elas, converte-se em negligência, com impactos que podem ser bastante negativos no desenvolvimento e mesmo para a aprendizagem.

Ampliando a compreensão da autonomia

A autonomia, mais que uma capacidade única, engloba um conjunto de habilidades que resultam na competência para lidar com as mais diversas situações lançando mão dos recursos disponíveis.

Pode ser associada à autodeterminação, que abrange habilidades e comportamentos que tornam uma pessoa capaz de ter ações intencionais para ser agente de seu futuro, estando diretamente relacionada com o bem-estar psicológico e o desenvolvimento saudável. Nesse sentido, envolve tanto aspectos individuais quanto as interações com o ambiente, considerando condições biológicas e socioculturais.

A autonomia relaciona-se também com a capacidade de o indivíduo reconhecer suas necessidades, interesses e de aprimorar suas habilidades para atendê-los. Refere-se à autorregulação e ao uso de estratégias para atingir seus objetivos, tomar decisões e solucionar problemas. Amplia o controle de sua motivação, de seus recursos cognitivos e de personalidade. E se associa à autorrealização, no sentido de poder conduzir-se em sintonia com seus propósitos de vida.

Desse modo, podemos abarcar aspectos mais amplos e complexos dentro do conceito de autonomia, como a competência pessoal para atender a necessidades físicas, psicológicas e sociais a partir de um "senso de eu", que orienta as ações e decisões do indivíduo em sintonia com valores pessoais e mediante um alto nível de consciência e reflexão em consonância com valores e regras sociais integrados. A pessoa autônoma tem iniciativa para buscar a realização de seus objetivos, procura atividades que lhe pareçam interessantes e desafiadoras, tem maior responsabilidade com as próprias ações e maior convicção de que pode controlar as diversas situações de sua vida. Diz-se que alguém é autônomo quando é capaz de conciliar conhecimentos e ações para um resultado que considere satisfatório, percebendo-se como o causador deste.

A autonomia engloba, assim, diversas capacidades que serão formadas ao longo das experiências, sendo que sua construção se dá na articulação das dimensões individuais às sociais, em um interjogo permanente do indivíduo com o contexto em que está inserido.

A formação do comportamento autônomo começa certamente na família, a partir do espaço dado pelos pais ou cuidadores à participação da criança nas decisões que a ela se relacionam ou a afetam. Como regra geral, no início da infância a tomada de decisão é quase exclusivamente feita pelos pais, sendo gradualmente tomada em conjunto com a criança/adolescente para, finalmente, o jovem poder tomar as decisões por si mesmo. Famílias que abrem espaço adequado para a participação dos filhos na tomada de decisão tendem a fortalecer a construção das habilidades associadas à autonomia, sendo fundamental que essas ações sejam não só ajustadas à idade, mas também ao contexto e às características da criança.

Assim como a autonomia de que a família priva seus filhos pode prejudicar seu desenvolvimento saudável, o excesso de autonomia ou sua inadequação em relação à idade ou à capacidade da criança também pode ser danoso. Dar autonomia não pode ser confundido com negligência e falta de cuidado. Permitir que a criança tome decisões para as quais não está preparada pode gerar angústia e insegurança, sendo fundamental que a família dê suporte nessa construção.

Tornar-se autônomo não é um processo linear, havendo avanços e recuos. Diferentes níveis de autonomia podem se estabelecer em diferentes domínios da vida, dependendo da quantidade e da diversidade de experiências vividas e da percepção da família quanto à capacidade de a criança ou o jovem resolver adequadamente seus problemas.

A maior autonomia tende a ser dada inicialmente nos domínios mais pessoais, como a escolha da roupa, do corte de cabelo e outras decisões que se relacionam às questões particulares e afetam menos os demais. Nos domínios sociais, que envolvem normas de comportamento, regras familiares ou da comunidade, a autonomia concedida aumenta posteriormente, conforme a criança adquire mais idade; e, finalmente, nos domínios relacionados à prudência e ao risco, a autonomia normalmente é quase nenhuma na primeira infância e apenas mais tarde a família a concede, paulatinamente.

Autonomia na escola

A autonomia pode ser definida em termos de comportamento, cognição e emoção. Na escola, essas três dimensões se entrelaçam e se relacionam, em alguma medida, com a aprendizagem, uma vez que as demandas do aprender exigem do aluno que ele seja cada vez mais capaz de ações intencionais para atingir os diversos objetivos escolares (organização do tempo, estratégias de estudo, etc.), e que possa direcionar seus recursos cognitivos e emocionais para alcançá-los.

Em outras palavras, a aprendizagem tem, ou deveria ter, entre seus objetivos maiores, construir conhecimentos e desenvolver capacidades para que o sujeito possa realizar seus potenciais, atuar no mundo adulto e na sociedade como cidadão. Esse processo pressupõe a conquista gradual da capacidade de regular suas ações de maneira independente e autoguiada. Significa aprender a lidar com as diversas circunstâncias da vida, tomando decisões e compreendendo o alcance e as consequências delas, e solucionando problemas a partir das informações e recursos disponíveis.

A escola pode estimular a autonomia de diversas formas, buscando, em última instância, que a criança, adolescente ou jovem desenvolva um comportamento adequado à sua fase etária e aos desafios de cada etapa escolar. Participar das decisões na escola e poder fazer escolhas significativas em seu processo de aprendizagem também aumenta a motivação intrínseca do aluno, ou seja, sua motivação interna vinculada ao desejo de aprender.

De modo geral, a escola apresenta aos alunos poucas oportunidades de participação efetiva, restringindo-a a aspectos bastante limitados do cotidiano escolar. Embora escolhas triviais e irrelevantes possam trazer algum efeito positivo na motivação, para serem significativas, elas precisam estar relacionadas aos objetivos e valores dos estudantes, coerentes com sua idade e contexto.

Oferecer espaços para esse exercício real de autonomia compreende mudanças profundas nos padrões de relacionamento entre as diversas instâncias e a quebra de paradigmas que foram construídos em um modelo de escola onde o aluno exerce um papel mais passivo. No entanto, quando a escola não oferece oportunidades para a participação nas tomadas de decisão, além de não estimular o desenvolvimento da autonomia, contribui para o decréscimo da motivação do aluno, o que se acentua conforme ele vai crescendo.

A maioria dos educadores tem pouco preparo para criar oportunidades para que os alunos façam escolhas significativas durante as aulas. Muitos sentem-se inseguros, temendo perder o controle da sala ou mesmo do processo de aprendizado. De fato, a prática pedagógica comum costuma impor ao professor uma atuação menos flexível, de forma que permitir uma participação mais ativa do aluno no processo de ensino é um grande desafio, exigindo que o docente repense e planeje sua ação de maneira diferente da usual.

Para que a escolha favoreça a motivação intrínseca para uma atividade pedagógica e um maior engajamento com a aprendizagem, é necessário que o aluno perceba claramente que o objetivo da atividade é o aumento de sua competência e que as escolhas oferecidas representem alternativas para se atingir um resultado. Desse modo, as opções dadas precisam ter níveis variados de desafios e de recursos para que os diversos alunos encontrem dificuldades possíveis de serem superadas.

É fundamental que o professor igualmente ofereça uma estrutura que permita ao aluno compreender claramente o que se espera dele em determinada atividade, dando contorno à sua experiência de aprendizagem e garantindo que os objetivos sejam atingidos. A autonomia é dada em um espaço de apoio e incentivo.

Algumas perguntas que podem ajudar o professor a avaliar se as escolhas oferecidas são motivadoras e promotoras do aprendizado dos alunos:

1. Os estudantes conseguirão ajustar a experiência de aprendizagem às suas necessidades, considerando suas habilidades e dificuldades?
2. As escolhas que o professor (ou os materiais didáticos) oferece são relevantes para os alunos?
3. O professor deixou clara a relevância para o aprendizado do aluno de cada alternativa oferecida?
4. As escolhas apresentam um nível adequado de desafio?

5. O professor ou os materiais oferecem recursos adequados para que os alunos façam suas escolhas e lidem com os desafios que cada uma traz?
6. O professor comunicou claramente os objetivos da atividade e o que espera do aluno, dando uma estrutura com as etapas que o ajudem a organizar a experiência de aprendizagem?
7. O professor dá suporte e apoio nos momentos de dificuldades, dúvidas e falhas, incentivando os alunos a prosseguir?
8. Finalmente, o professor oferece feedback ao aluno, auxiliando-o a perceber os conhecimentos que adquiriu, onde avançou e quais pontos precisa aprimorar?

Um estudante que tem maior espaço de participação compreende melhor os propósitos da aprendizagem e seus desafios, tendendo a engajar-se mais no processo. Isso aumenta seu sentimento de autoeficácia e o conhecimento de suas forças e fragilidades, podendo aprimorar suas capacidades para a atuação coletiva, já que adquire maior clareza quanto ao modo que pode colaborar com o grupo. Além disso, desenvolve o pensamento crítico e elaborativo, fortalecendo habilidades cognitivas essenciais para o bom desempenho acadêmico.

A autonomia é elemento crucial para a vida adulta, para o mundo do trabalho e para tornar-se cidadão. Contribui para o sentimento de ser capaz, de estar à frente de sua vida e de realização pessoal. Traz maior consciência sobre direitos, deveres, consequências e responsabilidades, assim como um entendimento de si mesmo como parte de uma coletividade e da inter-relação entre ele como indivíduo e a sociedade.

Tornar-se autônomo
não é um processo linear,
havendo avanços e recuos.
Diferentes níveis de autonomia
podem se estabelecer em
diferentes domínios da vida,
dependendo da quantidade e
da diversidade de experiências
vividas e da percepção da
família quanto à capacidade
de a criança ou o jovem
resolver adequadamente
seus problemas.

Foto: Freepik/Drazen Zig

CAPÍTULO 2

A construção da autoridade na escola

A autoridade do professor, que há algumas décadas era dada *a priori* e garantia que ele ocupasse uma posição hierárquica superior, hoje não se firma automaticamente em razão de mudanças sociais diversas, entre elas, o estabelecimento de relações mais horizontais em diversas instituições, como família, empresas e, claro, escola.

A pesquisa internacional sobre ensino e aprendizagem TALIS, realizada em 2018 pela Organização para a Cooperação e Desenvolvimento Econômico (OCDE) em diversos países (JERRIM; SIMS, 2019), aponta que o professor brasileiro investe em torno de 20% do tempo da aula para acalmar a bagunça e organizar a sala antes de poder iniciar o trabalho com o conteúdo pedagógico. Essa média nos demais países é de 13%. Além disso, enquanto a média internacional de escolas que registram semanalmente eventos de intimidação ou agressão verbal ao professor ou a colaboradores da escola está em 3%, no Brasil atinge 10%.

Esses fatos impactam negativamente a qualidade da aprendizagem dos alunos e aumentam consideravelmente o nível de estresse dos professores, afetando seu bem-estar e saúde.

É uma questão importante e um dilema que precisa ser pensado em diálogo com toda a comunidade escolar. Para enriquecer nossa reflexão, conversamos com o doutor em psicologia escolar e professor titular na Faculdade de Educação da Universidade de São Paulo (USP), Julio Groppa Aquino, e com a pedagoga especializada em administração escolar Eliza Rika Ikeda, ambos com enorme experiência no tema.

CASO 1

Relato de uma professora dos anos finais do ensino fundamental

"Sou professora há vinte anos. Moro perto da escola onde dou aula e encontro frequentemente meus alunos no comércio e em outros lugares do bairro, e interajo com eles nesses outros contextos. Sou uma professora de quem os alunos gostam, embora falem que às vezes sou brava. Tenho percebido, nos últimos anos, que eles têm tido menos respeito pelo professor. Neste ano, um estudante do 7º ano, com 12 anos, vinha me desafiando: interrompia a aula para falar de assuntos que não tinham nenhuma relação com o que estávamos trabalhando, mexia com os colegas, 'tirava sarro' enquanto eu dava alguma explicação, e tudo isso me aborrecia muito. Chamei sua atenção algumas vezes, mas não adiantava. Até que um dia perdi a paciência, levantei a voz e pedi para ele se retirar da sala e ir até a direção. Dez minutos depois, o aluno voltou, pois o diretor havia dito que era para ele continuar na aula. Fiquei furiosa, me senti desautorizada e sem apoio da direção. Como vou ter autoridade sobre os alunos se uma decisão minha não tem suporte da gestão? Situações como essa mostram a pouca força do professor e o quanto ele está desprestigiado."

1 **Os problemas em relação à autoridade do professor e da escola são uma questão da contemporaneidade?**

ELIZA RIKA IKEDA - A relação de autoridade do professor mudou muito, sim, de uma geração para cá, como reflexo da mudança que ocorreu nos lares com a autoridade paterna. O culto à individualidade e à liberdade de expressão dos tempos atuais incentiva a criança, desde cedo, a expressar as suas vontades e ideias, além da recente tendência de os pais atenderem a todos os seus desejos. A escola, onde a criança deveria aprender a viver em grupo e a respeitar as regras estabelecidas, vem sendo pressionada a atender vontades individuais, seja de pais ou de filhos. Os gestores, com medo da reação das famílias, principalmente em escolas particulares, acabam cedendo em muitas circunstâncias. Isso desestabiliza a relação de autoridade que havia no século passado.

Também se percebe a falta de respeito em relação aos mais velhos, dentro de casa ou da escola, colocando a criança em primeiro plano, sem ensiná-la a respeitar uma hierarquia ou a necessidade do outro. A inversão de valores, colocando as vontades individuais à frente da organização coletiva, por exemplo, tem causado muito conflito nas escolas.

JULIO GROPPA AQUINO - Antes de responder *à* questão, permita-me um pequeno senão. Creio que a temática da autoridade está vinculada aos personagens escolares, e não à escola *lato sensu*. Partindo dessa premissa, não creio que os embates com a autoridade sejam uma marca exclusiva da contemporaneidade.

Desde os gregos, ao menos, os mais velhos têm esse condão – gracioso, afinal – de se queixar dos hábitos dos mais novos. No entanto, isso também aponta para a existência de um cabo de guerra que é parte fundamental do jogo, digamos, entre ambos: em uma ponta, os mais novos com a força inauguradora da vida; na outra, os mais velhos, com o peso do velho mundo.

Esse entrechoque é tão vital quanto penoso, sobretudo para estes últimos. Não obstante, é claro que, a partir dos anos 1960, houve uma espécie de sacralização da juventude questionadora. Mas não me parece ser essa a imagem que circula hoje entre os profissionais da educação; quem dera fosse.

Com o advento das tecnologias de informação e comunicação, trata-se mais, creio, de uma espécie de simetrização forçosa de lugares, redundando em um fosso dialógico entre as gerações, em que o norte desse encontro turbulento parece ter-se invertido: são os mais velhos, agora, que alegam sentir-se ameaçados, amedrontados, etc. Mau sinal: a infância e a juventude passaram a imperar, a suplantar os mais velhos no cabo de guerra educacional.

2 **A indisciplina dos alunos está sempre relacionada a questões de autoridade?**

ELIZA RIKA IKEDA - Muitas vezes, a indisciplina está ligada à desmotivação para o assunto, à aprendizagem em si ou a problemas de ordem diversa da escola. A baixa autoestima, o relacionamento conturbado em casa ou na escola, dificuldades de aprendizagem, tudo pode causar comportamentos inadequados. Identificar a origem do problema e buscar soluções ou ajudar a criança a superar o problema é muito mais eficaz do que tentar mudar a atitude com sanções ou broncas.

JULIO GROPPA AQUINO - O universo disciplinar, tal como o termo expressa, consiste em uma infinidade de microinfrações dos protocolos escolares. E nem sempre se trata exclusivamente de algo afeito à relação com os professores. Pode se tratar de uma afronta aos códigos normativos em vigor na instituição, por exemplo. Há aí um sentido interessante: crianças e jovens precisam aprender a quebrar códigos do mesmo modo que precisam se submeter a eles. Um jogo bem jogado não tem perdedores ou ganhadores vitalícios.

3 **Que medidas o professor pode adotar para estabelecer uma relação de autoridade com os alunos?**

ELIZA RIKA IKEDA - Um professor pode estabelecer sua autoridade ao conquistar o respeito dos alunos, o interesse em aprender, a confiança de que ele está lá para beneficiar a todos. Também é importante demonstrar coerência, constância e competência. As crianças de hoje são bastante críticas, mas também muito inteligentes e avaliam constantemente os adultos.

JULIO GROPPA AQUINO - Mais um senão: eu tenderia a não concordar com a ideia de "relação de autoridade". Creio que se trata mais de um efeito do que um *leitmotiv* (motivo condutor). Curioso é o fato de que professores com um forte senso de autoridade não precisam se preocupar muito com isso. Muitas vezes, a mera presença já é suficiente para sinalizar aos alunos que o jogo já está em curso, desde o primeiro momento. E os alunos entendem isso de imediato. Daí que professores aparentemente ranzinzas podem ser extremamente bem-vindos. Ou seja, o adversário precisa mostrar a que veio. Nada de simulação de amizade, portanto. Esse expediente último, em meu entendimento, é fraude pedagógica.

Retornando à questão, creio que um contrato bem-executado é fundamental para que a relação não se deixe atravessar por muitos vieses, que, sem dúvida, ocorrerão. Sempre me lembro, nessas horas, de um belo poema do Fernando Pessoa exatamente sobre dois jogadores de xadrez. O mundo lá fora estava se acabando, mas eles persistiam firmes no jogo. Só isso.

4 É crescente a queixa de professores de que não se sentem respaldados em suas decisões em casos de indisciplina em sala de aula. Como a direção da escola deve atuar em situações assim?

ELIZA RIKA IKEDA - Ao crescer, a criança passa naturalmente a desafiar as normas e figuras de autoridade, e isso cada vez com mais frequência e intensidade. Quando atinge a puberdade, ela necessita de limites claros para norteá-la, visto que as transformações internas bruscas desequilibram e tumultuam a convivência, em casa ou na escola. O púbere vai deixar os papéis infantis, seu corpo infantil, seus relacionamentos e atitudes conhecidas e confortáveis e terá de reconstruir sua identidade, seu modo de se relacionar com os pais, amigos, etc.

Na escola, ele também enfrenta mudanças, dos anos iniciais para os anos finais do ensino fundamental, com uma diferença gritante entre uma e outra etapa. Essa transição é realmente difícil e, ao chegar ao 7º ano, como no caso relatado, começam a surgir os sinais de rebeldia de forma mais clara, e alguns desafiam abertamente a autoridade. Para eles, nada está bom; nada que os pais, professores, escola digam os satisfaz, pois, ao mesmo tempo que são inseguros e instáveis, necessitam expressar suas ideias, argumentar e vão testar os limites o quanto puderem.

Pode-se conquistar a colaboração dos alunos com forte personalidade em vez de manter uma postura antagônica, pois os alunos são muitos, e geralmente ficam a favor de seus pares, principalmente em situação de conflito com professores e escola. Em vez de lutar contra a formação natural de lideranças, é mais interessante desenvolver mecanismos para que esses líderes naturais tenham oportunidade de liderar positivamente, senão tornar-se-ão constantes e mais intensos os embates e transgressões.

Se não houver a construção de uma relação saudável com a autoridade e o desenvolvimento de atitudes sociais, certamente teremos problemas de comportamento, que podem afetar o desempenho escolar do aluno ou de toda a turma.

O que funciona melhor é o diálogo formativo, conduzido de forma sistemática pela escola e pelo educador, para gerar mais comprometimento de todo o grupo escolar (incluindo pais e familiares), envolvendo todos os participantes na elaboração das regras de convivência, na definição de objetivos comuns, no que vai ser realizado no período e no que deve acontecer inclusive em casos de não cumprimento do que foi combinado pela comunidade escolar.

É interessante que os professores sempre conversem com a direção/coordenação sobre as situações ocorridas na classe, evitando que se chegue a extremos, como ter de expulsar um aluno da sala. E, se isso se tornar necessário, é recomendável que haja uma pessoa com disponibilidade para ouvir o aluno reservadamente, ajudando-o a perceber o que causou a situação e a estabelecer formas de evitar que aconteça novamente. Geralmente, os alunos causam problemas porque estão descontentes com algo, porque necessitam que os escutem, orientem e direcionem sua vitalidade para algo construtivo.

JULIO GROPPA AQUINO - Mais uma vez, não subscrevo a ideia de "autoridade escolar". Mas, sim, a escola tem de secundar as decisões de seus profissionais. O professor pode até estar errado, digamos, mas quem habita a sala de aula é ele. E tem de ser assim. É fundamental para os alunos terem essa clareza: a sala de aula é habitada por alguém que não é simplesmente mais um lá ou, pior, um mero prestador de serviços. Daí que mandar aluno para fora é algo contraproducente, a meu ver. Ainda assim, é preciso assegurar a autonomia e a liberdade docentes a todo custo, evitando a sensação de tutela, de desautorização e, por fim, de desalento do professor.

CASO 2

Relato de um professor do ensino médio

"A mãe de um aluno veio à escola pedindo uma reunião com a coordenação e comigo, pois seu filho disse que eu o estaria perseguindo, que não o havia deixado terminar a última prova, o que prejudicou sua nota. No dia da reunião, fiquei muito nervoso, me senti indo para um tribunal de acusação. A coordenadora pediu que eu contasse a ela exatamente o que aconteceu, o que fiz em detalhes. O fato é que não tenho nada contra o aluno: ele não entrega as tarefas, dorme durante as aulas. No dia da prova, ele chegou quinze minutos atrasado, mas mesmo assim o deixei entrar para poder fazê-la. Quando terminou o tempo regular da avaliação, recolhi a prova de todos, não somente a dele. Na reunião, a mãe foi bastante agressiva, me acusou de não gostar de seu filho e que ele percebia que eu faria de tudo para prejudicá-lo. Expliquei a situação, e a coordenadora fez uma boa mediação. Mas os pais, com raras exceções, geralmente se colocam contra o professor e a favor do aluno. Não há confiança no professor e na escola, é muito desgastante para nós."

1 **Como a escola deve atuar nos casos em que há desconfiança da conduta do professor ou questionamento da autoridade docente?**

ELIZA RIKA IKEDA - Quando há uma situação conflitante ou uma acusação de que o professor estaria "perseguindo" ou prejudicando deliberadamente um aluno, por exemplo, torna-se necessário ouvir sempre os dois lados. Há realmente casos em que um professor fica com raiva de um aluno/turma e age de forma incoerente, mas não se pode levar em consideração apenas a opinião de uma criança ou adolescente, que muitas vezes modifica ou distorce as situações para encobrir suas falhas, como um baixo rendimento ou uma punição recebida.

Mas temos que igualmente entender que os conflitos são inerentes ao relacionamento humano. O que é importante não é provar quem tem a razão, mas esclarecer os fatos, verificar o que causou o transtorno ou desentendimento e buscar juntos uma solução satisfatória ou evitar que aconteça novamente. Isso é aprendizagem, e cabe a todos, escola, professores, pais e alunos, participar desse processo sem agredir, pré-julgar (algo muito comum, tanto de um lado quanto de outro), abrindo a possibilidade de diálogo, de construir um relacionamento mais aberto e colaborativo.

Quando adotamos uma atitude de antagonismo entre família e escola, quem perde é a criança. O objetivo da escola é o crescimento, não o julgamento.

JULIO GROPPA AQUINO - A delegação da escola ao professor é fundamental em termos de sua profissionalidade. Mesmo que algo tenha sido feito pelo professor de forma duvidosa, digamos, isso terá de ser tratado entre coordenador e professor, e nunca na frente dos pais.

2 Qual o papel da família na escola?

ELIZA RIKA IKEDA - A família precisa fazer a sua parte na educação da criança, orientando-a, sempre que necessário, e reforçando a importância de respeitar as regras, como o horário de entrada e saída da escola, a importância da rotina de estudos e da organização de materiais, convergindo dessa forma com o trabalho realizado na escola. Se houver antagonismo entre escola e família, a criança será a maior prejudicada. Falar a mesma língua é necessário, tanto entre os familiares quanto em relação à escola.

JULIO GROPPA AQUINO - Gosto da ideia de que cada macaco fique atado ao seu galho. Família é bom da porta da escola para fora, e olhe lá. Daí que ficar chamando os pais o tempo todo é sinal de fraqueza, a meu ver.

Outra coisa: aluno não é filho de ninguém. E, se não há delegação total por parte dos pais à escola, não existe educação de fato. Escolas (privadas, no caso) que são reféns de pais insatisfeitos vivem um cotidiano infernal. Problemas de escola se resolvem no interior da escola e, mais especificamente, no interior da sala de aula, caso eles tenham uma motivação pedagógica.

O jogo permite sanções (elas devem existir), mas que tenham um cunho pedagógico e baseado na reciprocidade. Sujou a sala? Limpe-a. Desacatou a faxineira? Peça-lhe desculpas sinceras e públicas. De todo modo, creio que também os outros profissionais escolares (coordenadores, psicólogos, etc.) têm de manter uma relação consistente e firme com os pais. É apenas outro jogo escolar, paralelo ao da sala de aula. Mas o professor nada tem a ver com isso.

3 **Em tempos de relações menos formais e mais horizontais, cabe falar em uma relação de autoridade do professor ou seria melhor encontrar outro modelo de relação com o aluno?**

ELIZA RIKA IKEDA - A relação de autoridade tende a mudar, de mais autoritária para mais dialógica e colaborativa. Mas, mesmo em um relacionamento mais horizontal, existe a necessidade de liderança, que deve partir do professor. Cabe ao professor o papel de intermediar a aprendizagem, de forma intencional, organizando o trabalho, o tempo e direcionando para o crescimento. Os alunos (e pais) necessitam dessa orientação e direcionamento, do feedback com regularidade, para poder se situar.

JULIO GROPPA AQUINO - Mais do que nunca é preciso enfrentar a temática da autoridade sem rodeios. Mais: é preciso vivenciar relações intensas e autênticas com os mais novos.

E a razão para isso é uma só, já anunciada na pergunta. Vivemos tempos de relações demasiado horizontalizadas, o que, em meu entendimento, significa uma coisa só:

abandono da infância e da juventude ao deus-dará. E deus não dá nada, frise-se.

Em suma, abandono das crianças e jovens como resultado de uma geração (a dos pais e professores) adepta da deserção educativa, seja por inépcia, seja por pura covardia. Se não são eles trânsfugas deliberados, ao menos agem como personagens sociais titubeantes quanto ao valor de educar com firmeza e paixão.

4 A autoridade do professor é favorável ao processo de aprendizagem escolar?

ELIZA RIKA IKEDA - O objetivo da aprendizagem é tornar o aluno cada vez mais autônomo, incentivando-o a pensar, a se organizar e estabelecer os objetivos, prazos e expectativas e aprender a avaliar o resultado.

A meu ver, a aprendizagem ocorre mais facilmente quando acontece de dentro para fora, a partir do interesse do próprio indivíduo, ou com a colaboração entre os pares. Porém, para que se chegue a esse ponto, é necessária uma disciplina interna, que leva tempo e muito trabalho para se atingir.

Enquanto o processo está em andamento, a autoridade do professor é necessária para que o grupo ou o aluno não perca o foco do que está sendo trabalhado, direcionando e estabelecendo os parâmetros do trabalho coletivo. Na infância e, principalmente, na adolescência, os grupos heterogêneos de alunos tendem a dispersar a atenção caso não haja um direcionamento e uma sequência estabelecida (plano de ação) clara.

Considero que a autoridade ou liderança pode ser exercida em diversos níveis, diminuindo gradativamente até que não exista a necessidade de se restringir ou controlar, o que significaria a autonomia verdadeira, que seria o ideal. Mas,

> na realidade, é muito difícil obter esse tipo de relação antes da idade adulta.
>
> **JULIO GROPPA AQUINO** - Não se trata de algo apenas favorável. É o fulcro do processo educacional como um todo. Mais especificamente, é o modo como se vive uma vida diante dos mais novos. E é exatamente isto que eles se perguntam o tempo todo: esse professor é merecedor de minha confiança? É uma vida digna essa que se desdobra diante de mim? Eu poderia amar essa existência que me é ofertada aqui e agora? Perguntas, afinal, idênticas àquelas que fazemos vida afora, desde o primeiro até o último momento da nossa existência, creio eu.

O que é autoridade?

A socialização de crianças e jovens tem um papel primordial na manutenção da coesão do grupo, uma vez que se propõe a construir um "ser social" que possa conviver, integrar e atuar em uma dada sociedade. Essa socialização se dá a partir de conteúdos morais e éticos, orientados para comportamentos que foram definidos e legitimados por tal sociedade.

Desse modo, há uma interdependência entre o grupo e o indivíduo, numa relação dinâmica que ao mesmo tempo viabiliza o pacto social enquanto o constrói e transforma. Podemos dizer que a socialização abarca permanentemente uma ambiguidade, podendo ser pensada sob duas perspectivas: por um lado, permite que seus membros adquiram conhecimentos e condutas para integrarem a sociedade e nela se desenvolverem; por outro, impõe uma padronização e condicionamento dos comportamentos, controlando os indivíduos.

Nesse sentido, a escola apresenta-se como instituição fundamental para a manutenção do contrato social, ampliando a atuação da família na construção do ser social e garantindo a comunhão dos princípios para a convivência.

Além de proporcionar a aprendizagem de conhecimentos construídos socialmente, permitindo que crianças e jovens se desenvolvam por inteiro para integrar e transformar a sociedade, a escola está investida do papel de ensinar um conjunto de regras que apontem a conduta em diferentes circunstâncias, estabelecendo os limites individuais para assegurar a coesão social ao mesmo tempo que possibilita que os indivíduos se vinculem à sociedade.

Nessa perspectiva, a autoridade surge inicialmente como uma entidade fundamental dotada de poderes superiores àqueles que os indivíduos atribuem a si próprios, cobrando destes o respeito a determinadas regras que garantam o convívio. De modo mais amplo, o termo "autoridade" pode ser compreendido como superioridade, direito de mandar e fazer obedecer, um poder investido, domínio pela força, influência, prestígio, competência ou conhecimento de um assunto, entre outros.

Podemos dizer aqui que a autoridade associada ao poder pela imposição da força seria definida como autoritarismo. Ou seja, o autoritário se sente no direito de cobrar obediência e de se impor pela coerção e violência, controlando pelo medo. Se desaparecer a ameaça, a relação de obediência também desaparece.

Já a autoridade envolve o reconhecimento da superioridade de quem a exerce pelos que se submetem, em razão do prestígio da pessoa que a está desempenhando e de sua competência em determinada área. Apoia-se na obediência a uma hierarquia reconhecida como legítima dentro de um lugar social instituído.

Assim, quando falamos da autoridade do professor, é importante reconhecer que ela é necessária ao processo de aprendizagem escolar. Há uma relação assimétrica entre o professor e o aluno, uma vez que o primeiro detém um conhecimento e uma competência que falta ao segundo. Desse modo, o aluno não tem autonomia no que se refere a determinados assuntos que o professor domina, o que estabelece a assimetria nas posições no contexto escolar. Essa assimetria é temporária: assim que o aluno adquire o conhecimento, ela desaparece, assim como a relação de autoridade.

Quando consideramos nosso tempo, podemos perceber que essas relações de autoridade, antes mais estáveis e delimitadas, tornaram-se mais voláteis, mutantes e tênues. Há novos modelos de interação, relacionamo-nos com pessoas que estão muitas vezes em outros espaços, lidamos com situações locais a partir de referências globalizadas e as tecnologias se tornaram, em certa medida, mediadoras da ordem social. O conhecimento e as competências têm caráter transitório, o que faz a autoridade ser mais difusa.

As relações de autoridade na escola também ficam à mercê dessa complexidade. O papel da escola nessa nova sociedade com novas formas de acesso ao conhecimento está sendo revisto, mas ainda não foi definido. Ela continua sendo um espaço privilegiado de convívio, de possibilidades de lidar com as diferenças e de construção das habilidades essenciais para garantir a coesão social.

A autoridade da qual a escola não está mais investida terá de ser construída intencionalmente pela instituição e por aqueles que assumem o papel de educar. Certamente não há fórmulas prontas para essa ação, mas é necessário se debruçar sobre ela a partir da compreensão de que não se estabelecerá de maneira automática como no passado. A autoridade, apesar de tudo, continua sendo crucial para que o processo educativo possa ocorrer.

O que é, afinal, a indisciplina?

Antes de falar de indisciplina, consideramos importante esclarecer o que consideramos disciplina.

"Disciplina" pode ser definida como a observância a um conjunto de regras que regem os comportamentos de uma pessoa ou de uma coletividade. Na escola, é a obediência às normas que norteiam o que pode e o que não pode ser feito, que balizam as ações de todos e as relações em prol da convivência e da realização de seu objetivo social como instituição educadora.

Podemos dizer, então, que a indisciplina está associada à quebra ou descumprimento de regras estabelecidas, prejudicando o ambiente, a aprendizagem ou as pessoas envolvidas. Mas pode também relacionar-se à desobediência de normas não explícitas, como não seguir regras básicas de convivência.

Embora, nas escolas, seja comum atribuir o comportamento indisciplinado somente ao aluno, qualquer pessoa dentro da instituição escolar que não siga as normas estabelecidas comete um ato de indisciplina. Em se tratando do estudante, o comportamento considerado indisciplinado pode variar em razão da fase etária: um comportamento que é aceito em determinada fase pode ser visto como indisciplinado em outra.

O tema fica mais complexo quando não envolve regras formais, estabelecidas no Regimento Escolar ou em outros documentos. Quando se trata de regras de convivência social, por exemplo, o que pode ser avaliado como um ato indisciplinado por um professor pode não ser percebido assim por outro. Uma escola, por exemplo, pode considerar que mascar chicletes ou usar bonés é um ato de indisciplina. Outra pode aceitar esses comportamentos.

A indisciplina escolar está também relacionada aos comportamentos que desafiam a autoridade do professor e da escola. Mas o que exatamente significa desafiar a autoridade do professor? Um aluno que questiona uma decisão do professor está desafiando sua autoridade? De que decisão estamos falando: de uma decisão arbitrária, de uma decisão que faz parte do acordo pedagógico em favor da aprendizagem ou de uma opinião do professor? Como esse questionamento do aluno foi feito? Desse modo, a indisciplina apresenta-se como algo dinâmico, complexo e que depende diretamente do contexto e do momento a que se refere.

Essas questões precisarão ser pensadas e discutidas dentro da comunidade escolar, que terá de abrir espaços para os diálogos e os acordos, sempre tendo como prioridade a melhor realização da aprendizagem, da convivência pacífica entre todos e do desenvolvimento dos alunos.

A autoridade na escola

Como comentamos no início do capítulo, foi-se o tempo em que a autoridade era algo "inerente" ao professor; hoje ela se baseia em uma construção cotidiana. É importante que a escola e os educadores compreendam que a autoridade do professor e da escola demanda ações intencionais e organizadas para ser construída. Partir da concepção simplista de que o professor vai mandar e o aluno deve obedecer, além de ser ilusória, não favorecerá esse processo. Cada instituição terá de se voltar para suas próprias questões para encontrar os caminhos que levem à construção de uma autoridade que faça sentido aos propósitos educacionais e à sua comunidade.

Essas ações não poderão ser pontuais; precisam fazer parte do cotidiano escolar, que também se transforma intensamente, o que exige reflexão e participação dos diferentes atores da escola para que as ações façam sentido para os objetivos educacionais e para todos os envolvidos.

O professor, na maioria das vezes, não teve formação para a construção da autoridade com seus alunos. A escola precisará preparar sua equipe para pensar estratégias e ações estruturadas voltadas à construção tanto da autoridade da instituição como do professor. Os efeitos são a redução do tempo para acalmar os alunos em sala de aula, a melhora do clima escolar e da aprendizagem e, sobretudo, a diminuição do desgaste do professor com a melhora nas relações e com menos situações de indisciplina.

Seguem algumas orientações que podem ajudar nesse propósito. Elas envolvem ações múltiplas e dinâmicas, para que os alunos entendam que as regras não são aleatórias, que a delimitação de papéis e limites é necessária. Além de tornar mais fácil a convivência e o aprendizado, porque inclui estudantes, famílias, professores e outros integrantes da escola na construção de um ambiente de convívio saudável, coerente e que promova o desenvolvimento de valores e habilidades sociais, tão essenciais para o desenvolvimento integral de crianças e jovens.

Algumas orientações

1 Usar melhor o Regimento Escolar

Embora seja um documento obrigatório, o Regimento Escolar é muitas vezes pouco aproveitado, sendo para muitas escolas apenas uma peça burocrática. É comum que nem mesmo os professores e demais colaboradores conheçam seu conteúdo. Com frequência, as famílias recebem uma cópia do documento no ato da matrícula ou são orientadas a lê-lo no *site* da escola, sem se observar a sua importância. E os alunos, em sua grande maioria, desconhecem seu teor.

O Regimento Escolar estabelece, além dos aspectos pedagógicos e administrativos essenciais da escola, os direitos e os deveres de todos os que convivem na instituição – instituição essa que congrega pessoas com diferentes costumes e maneiras de se comportar – e as sanções em caso de violação ou descumprimento de regras.

Algumas escolas fazem encontros com as famílias dos novos alunos para discutir pontos essenciais do Regimento relacionados ao processo de ensino e aprendizagem, assim como as regras de convivência e outras normas para que a família saiba exatamente como a escola funcionará, o que esperar e exigir dela e o que ela e os alunos deverão cumprir. Outras escolas também propõem que os alunos discutam temas essenciais do Regimento no início do ano letivo, com dinâmicas para que compreendam a razão da existência de certas regras e de que maneira favorecem seu aprendizado e facilitam sua vida escolar.

Quando cada um sabe o que pode exigir, o que deve fazer e as sanções que receberá caso não cumpra sua parte, a convivência e a rotina na escola ficam mais harmoniosas. Além disso, a definição de regras e objetivos de forma participativa faz com que todos, incluindo alunos e pais, sintam-se corresponsáveis e se comprometam com a proposta, ainda que – é bom lembrar – caiba aos gestores acompanhar e intervir sempre que necessário.

O Regimento Escolar deve, de tempos em tempos, ser revisto com a participação dos diversos atores do contexto educacional, para que continue cumprindo os objetivos maiores da escola. Os contextos e os costumes mudam e uma regra que faz sentido em dado momento poderá não fazer em outro.

2 Construir acordos na sala de aula

Além das regras gerais, várias escolas têm proposto que os professores façam com seus alunos acordos específicos que favoreçam seus objetivos pedagógicos. Eles podem ser discutidos entre todos os professores, mas também ter características específicas de acordo com a área, com os objetivos de ensino e mesmo com o estilo do professor. Evidentemente, esses acordos podem complementar, mas não contrariar aqueles estabelecidos no Regimento, e servem para que o docente deixe claro o que espera dos alunos e com o que ele próprio se compromete.

Deve ser algo simples, que não tenha grande número de regras e que seja adequado a cada fase etária. Os alunos poderão escrever as regras no caderno ou no computador, fazer desenhos, cartazes, brochuras ou qualquer outra forma de registro, e deixar acessíveis os acordos feitos, que poderão ser revistos no início do semestre seguinte, por exemplo, fazendo ajustes, se necessário.

Os primeiros dias de aula podem ser dedicados a essa tarefa. É necessário garantir que os alunos participem na construção dessas regras. Algumas delas poderão ser criadas, debatidas e modificadas pelos alunos; outras, as que o professor considerar essenciais, serão apresentadas e explicadas. Podem envolver pontos relacionados diretamente com o aprendizado e outros associados à convivência e interação, como prazos para a entrega de trabalhos, formas de avaliação, uso de materiais durante as aulas, tolerância de atraso para a entrada na sala e saídas ao longo das aulas, estruturação dos diferentes momentos da aula e tipos de interação esperados em cada um deles entre alunos e professor, bem como o uso de celular e redes sociais voltado para a aula.

Será necessário apresentar/discutir as regras, bem como as sanções, se elas não forem cumpridas, e vale lembrar que o professor também deve se comprometer com as regras estabelecidas que eventualmente caibam a ele, como respeitar o horário de início da aula ou o prazo para devolução de trabalhos, por exemplo.

3 Aprender a lidar com conflitos e repensar as sanções

O conflito frequentemente é visto como algo negativo. No entanto, ele é inerente à convivência. Um ambiente sem conflitos é um ambiente com problemas, pois certamente existem questões que não estão sendo expressas, o que pode aumentar as tensões, empobrecer as relações e gerar manifestações mais agressivas no futuro.

Além disso, aprender a lidar com eles de maneira assertiva permite desenvolver habilidades fundamentais de comunicação e solução de problemas. E ajuda as crianças e os jovens a lidar melhor com diferentes pontos de vista, ser mais tolerantes, aprender a argumentar, mediar e negociar.

Desse modo, pensar em uma escola com uma autoridade mais bem-construída não significa que será uma escola sem conflitos ou mesmo transgressões.

É essencial que, primeiramente, a gestão, a administração e os docentes reflitam e discutam de que maneira eles próprios lidam com os conflitos dentro da instituição e possam igualmente desenvolver modos mais positivos de resolvê-los. Uma escola onde não há diálogo, onde as relações são autoritárias, onde não há uma boa mediação e espaço para escuta certamente não é o melhor lugar para ajudar os alunos nesse aspecto. O aprendizado dessas habilidades dos alunos passa necessariamente pelos exemplos e modelos – e, como a formação do professor geralmente não trata desses temas, serão necessárias ações que permitam esse aprimoramento dos educadores e o alinhamento de todos os que atuam na escola.

Inegavelmente, o professor terá também de perceber como lida com questionamentos e contestações em sala de aula. Muitos professores foram educados em ambientes escolares mais autoritários e têm a expectativa de um comportamento obediente e, de certa forma, passivo do aluno – comportamento que não significa, necessariamente, um sinal de respeito ou o reconhecimento de autoridade.

Crianças e adolescentes, na atualidade, são mais questionadores. E o professor precisará individualmente rever seus modelos, ter consciência de suas emoções e reações nessas situações, bem como discutir com seus pares para que possa aprender formas mais positivas de lidar com o conflito em sala de aula e mesmo de utilizá-lo pedagogicamente. Um processo de educação emocional e uma formação para compreender as emoções, sua relação com a aprendizagem e com a saúde são essenciais ao professor.

A escola terá que ter estratégias claras para os conflitos entre os alunos. Boas estratégias também ensinarão aos alunos maneiras de resolvê-los. O conflito demanda diálogo, escuta, negociação e mediação competente.

Outro ponto que merece atenção é a questão das sanções. Quando uma determinada regra não é cumprida, é necessário que haja alguma pena ou punição pela violação da regra. A escola precisa pensar a sanção, para além da punição, como um modo de reparação da falta e uma oportunidade para que o aluno aprenda. Tem também de pensar sanções proporcionais às violações.

Punir somente para castigar é pouco educativo e pode ter, em alguns casos, o efeito contrário do que se deseja. Suspender um estudante, fazendo com que fique alguns dias em casa, sem ir para a escola, talvez ensine muito pouco a ele. Pode inclusive ser para alguns bastante prazeroso, já que muitas vezes estarão sem supervisão e poderão fazer atividades que consideram prazerosas, como jogar videogame.

O que pode ser proposto para o aluno como uma pena para determinado comportamento ou ato que possa fazê-lo refletir, reparar um erro e aprender de fato algo importante sobre o que aconteceu?

A escola precisa delimitar a atuação dos diferentes agentes, nas diferentes instâncias, estabelecendo o papel do professor, do orientador, da coordenação e da direção nas diversas situações. É essencial que haja coerência, refletida em um alinhamento entre todos dentro da escola. Será motivo para muita confusão se um professor, por exemplo, entender que a melhor atitude em resposta a um ato indisciplinado de um aluno é enviá-lo para conversar com a direção e esta, por sua vez, mandar o aluno de volta para a sala de aula sem ter feito a devida intervenção.

4. Melhorar a gestão da sala de aula

A gestão da sala de aula envolve estratégias do professor para que possa atingir os objetivos de aprendizagem dos estudantes. São atitudes e ações pensadas e organizadas para que o docente conduza os alunos a um aprendizado eficiente e com ótima qualidade. De modo geral, a boa gestão da sala de aula denota que o professor sabe o que está acontecendo com a aula e com a turma, que ele consegue estabelecer uma sequência de ações com início e fechamento, que oferece variedade de estímulos e consegue engajar todo o grupo em atividades comuns.

Assim, para gerir bem uma sala de aula, o professor terá de desenvolver habilidades para lidar de maneira competente com três aspectos principais: a gestão do ambiente de ensino-aprendizagem, a gestão da instrução e a gestão dos comportamentos.

A gestão do ambiente de ensino-aprendizagem demanda que ele organize o espaço e os materiais para um determinado objetivo de aprendizado. O espaço envolve desde o local em que a aula acontecerá – uma vez que outros espaços da escola além da sala de aula podem ser mais favoráveis para algumas aprendizagens – até a disposição dos estudantes: separados individualmente, em duplas, em círculo, em pequenos grupos, em dois grandes grupos e outros. Os materiais incluem livros, equipamentos, vídeos, cartazes e demais recursos necessários para as atividades de determinada aula.

Para a gestão da instrução, o professor terá que avaliar as estratégias mais adequadas para o ensino de certo conhecimento em determinado tempo, que pode envolver uma ou várias aulas, e criar seu plano de ação. Esse aspecto envolve diretamente os métodos e práticas pedagógicas para que o aluno possa aprender e é um tema bastante amplo. Cabe enfatizar que é necessário que o professor busque conhecer seus alunos quanto a seus conhecimentos, pontos fortes e fracos para aprender, e que use diferentes estratégias pedagógicas para que a aprendizagem possa acontecer com diferentes conteúdos, considerando a diversidade de alunos. A gestão da instrução também implica avaliar se os objetivos estabelecidos foram atingidos e repensar estratégias a partir do desenvolvimento dos estudantes.

A gestão dos comportamentos relaciona-se com as ações do professor para conduzir os alunos a determinados comportamentos que sejam mais favoráveis ao aprendizado. Nesse aspecto, entram a discussão e o estabelecimento das regras, acordos e sanções apresentados nos itens anteriores, mas também a coerência do docente ao longo do período letivo na maneira de lidar com os estudantes, manifestando senso de justiça, respeito e imparcialidade.

Favorece a gestão dos comportamentos dos alunos quando o professor deixa claro suas expectativas, seus objetivos e a maneira como organizará suas aulas para atingi-los; quando tem atitudes para estabelecer relacionamentos positivos com todos os alunos, sem favoritismos, e um clima emocional favorável em sala de aula, onde os estudantes sintam-se aceitos, sejam estimulados a participar, a interagir e percebam as falhas e erros como parte do processo; e quando procura conhecer cada aluno, ouvir o que pensam sobre sua área de conhecimento, quando procura apoiá-los em suas dificuldades, deixando-se conhecer, mostrando segurança baseada em seu conhecimento e experiências.

    A construção da autoridade do professor e da escola continua sendo fundamental para a educação. Envolve uma série de estratégias e habilidades que serão aprimoradas ao longo da prática, a partir da observação de sua efetividade e da reflexão. Implica, sobretudo, não desistir do papel de educar, que, para além de todas as mudanças, parece continuar sendo essencial para a escola e para a sociedade.

Foto: Freepik/gpointsudio

CAPÍTULO 3

Sexualidade e educação sexual na escola

Vivemos transformações nos costumes, no comportamento e no modo como adolescentes e jovens lidam com a sexualidade, e, embora atualmente se fale de modo mais aberto sobre o tema e haja maior liberdade, ela ainda pode gerar desconforto e polêmicas. Além disso, por falta de formação adequada, o professor pode não ter muita clareza sobre como trabalhar com educação sexual ou sentir-se inseguro quando os alunos trazem suas dúvidas e compartilham suas experiências. Somam-se a esse contexto as diferentes opiniões das famílias em relação ao tema, que frequentemente são divergentes e geram dúvida sobre o modo como a escola deve conduzir essas questões.

Diante desses dilemas, buscamos trazer informações baseadas em evidências científicas. Embora não sejam verdades absolutas, esses conhecimentos dão um caminho mais seguro para ajudar as escolas a ir além da mera opinião e assumir posições condizentes com o que apontam estudos e pesquisas conduzidos com seriedade.

É direito da criança e do adolescente saber sobre seu corpo e sua sexualidade como aspecto fundamental da vida. A educação sexual é de responsabilidade da família, que tem papel importante nessa área, mas a escola também é responsável por desenvolver valores humanos, relacionais e sociais, o que inclui a dimensão sexual. Além disso, a escola tem a possibilidade de enriquecer essa aprendizagem em razão da convivência com pares da mesma idade, o que permite ampliar a troca e o diálogo entre crianças e jovens.

Para nos ajudar a pensar algumas situações vividas na escola e assuntos que podem constituir dilemas, convidamos dois especialistas na área: o psiquiatra Alexandre Saadeh, doutor pela Universidade de São Paulo (USP), que estuda há mais de vinte anos questões de gênero e transexualidade; e a psicóloga Mary Neide Damico Figueiró, doutora em Educação pela Universidade Estadual Paulista "Júlio de Mesquita Filho" (Unesp), professora aposentada da Universidade Estadual de Londrina (UEL) e autora de quatro livros sobre educação sexual.

CASO 1

Relato de uma professora, tutora de turma

"Sou professora há quinze anos e busco estabelecer um relacionamento próximo e de confiança com meus alunos. Faço cursos de atualização e leio muito para estar a par das mudanças que esses jovens trazem e que nos desafiam diariamente. As meninas muitas vezes me procuram para falar de relacionamento, com quem estão 'ficando', suas dúvidas e angústias. Recentemente, me encontrei numa situação com a qual tive muita dificuldade de saber como lidar. Uma aluna de 14 anos, do ensino médio, passou a me contar que estava 'ficando' com vários meninos. Ela se gabava para as outras garotas por conseguir 'pegar' os mais bonitos – e mesmo aqueles que considerava 'esquisitos', apenas por curiosidade ou diversão. Comecei a me preocupar, pois me parecia um comportamento um pouco promíscuo, em que a garota não se preocupava em se cuidar nem em respeitar os meninos. Até que um dia ela veio me contar, apavorada, que estava com sintomas que indicavam uma possível infecção sexualmente transmissível, me pedindo para indicar um médico, uma vez que seus pais não poderiam saber. Disse a ela que era necessário conversar com os pais, que eu não poderia assumir aquela responsabilidade, mas ela ficou bastante ofendida e reativa, dizendo que eu não tinha direito de expor coisas que ela havia me contado em confiança e que meu comportamento era 'retrógrado' e 'moralista'."

1 Como a escola deve lidar com a maior liberdade sexual entre adolescentes e jovens? Qual é o limite?

MARY NEIDE DAMICO FIGUEIRÓ - Primeiro, quando falamos em liberdade sexual entre adolescentes e jovens, precisamos refletir sobre o termo "liberdade" e lembrar que, há algumas décadas, em muitos lugares, a mulher só podia fazer sexo após o casamento ou ficava malfalada. Transar era pecado. Não havia liberdade, mas repressão; não havia escolha e muito menos educação sexual na escola para que se pudesse pensar com criticidade sobre o tema. De forma geral, a cultura vem mudando, exceto para quem ainda vive em meios religiosos bastante conservadores.

No entanto, há um outro tipo de pressão social que também tolhe a liberdade: a imposição para que o(a) jovem beije muito, fique com muitos, vá para a cama com quem acabou de conhecer. São aspectos que não se coadunam com a liberdade. Como diz Michel Foucault em *História da sexualidade*, a repressão não está somente naquilo que diz "não", que proíbe, mas também naquilo que diz sim, que manda fazer.

Liberdade não é você poder fazer de tudo ou qualquer coisa. Ela só é encontrada quando o(a) jovem desenvolve autonomia moral para poder fazer as suas escolhas com responsabilidade e consciência, para ser sujeito da sua sexualidade. E não é o que acontece na maioria das vezes, infelizmente. Quando jovens se iniciam sexualmente, muitas vezes o fazem por curiosidade, porque os outros estão fazendo e por pressão do grupo.

Jovens também precisam aprender que há limites para manifestar carinhos e carícias em público, seja na escola, no shopping, na rua ou em casa. O casal deve saber distinguir o que pode fazer na frente do outro ou o que tem de ser mantido na intimidade.

A escola precisa criar espaços de debate para refletir com os(as) adolescentes sobre onde está a liberdade e onde estão os limites, e deixar que eles e elas debatam. É surpreendente a capacidade que as pessoas jovens têm de lidar com esses temas quando têm a chance.

A escola também precisa trabalhar a importância da interação social nos diversos momentos, não só dentro da sala de aula. É saudável estar com amigos/as e conversar na hora do intervalo. Não faz sentido um casal estar o tempo todo isolado, em abraços e beijos; é necessário ajudá-los a pensar sobre esse aspecto.

ALEXANDRE SAADEH – Essa é uma realidade que nossas crianças e adolescentes já estão vivenciando. Eles atropelaram a escola, os pais e a sociedade nesse quesito. Temos duas escolhas pela frente: enfrentar a situação de peito aberto e descobrir com eles essa nova realidade ou fazermos de conta que sabemos de tudo e impormos uma realidade que não vai se adequar mais a eles, causando sofrimento e repressão.

As escolas devem assumir que variações de orientação sexual e de identidade de gênero acontecem com as crianças e não são frutos de mentes doentias ou perversas que induzem as crianças a esses comportamentos. Estamos falando de verdades sobre aquela pessoa em desenvolvimento, não birras ou vontades que devem ser controladas.

Não depende de a escola dar ou não abertura: o tema já está aí. É encarar de frente o que se sabe e não se sabe e enfrentar.

② Quais os limites da relação entre professor e aluno? Até que ponto um professor pode ser "amigo" ou "conselheiro" de um aluno?

MARY NEIDE DAMICO FIGUEIRÓ - A escola é responsável pela formação integral do aluno, não só por seu desenvolvimento cognitivo, pela preparação para o vestibular ou para o mundo do trabalho. Então, a questão de educar não é só da família; a escola também prepara para a vida e para que crianças e jovens realmente ajam de maneira segura e positiva.

É importante que a escola tenha profissionais abertos a tirar dúvidas e resolver questões que angustiam os alunos; profissionais que tenham um olhar para a dimensão emocional, para a pessoa de modo integral e que os alunos tenham essa relação de confiança.

No caso apresentado, me parece que faltam na escola espaços de debate em que os alunos possam conversar com colegas e refletir sobre a sexualidade. Estratégias como analisar letras de música ou filmes podem contribuir para que adolescentes e jovens possam questionar os comportamentos sexuais, a promiscuidade, o desrespeito ao seu próprio corpo e ao corpo do outro. Quando a garota diz que se envolve "até mesmo com os meninos que considera esquisitos", está tratando-os como meros objetos. Há anos as mulheres vêm lutando para que os homens não as tratem como objetos sexuais, mas aqui se vê um movimento de garotas indo nessa direção, tratando garotos como puro objeto para a satisfação do seu desejo.

No momento em que a garota pede para a professora indicar um médico, ela não faz a indicação e a orienta a procurar os pais.

Embora seja prudente sugerir que a adolescente converse com os pais sobre a situação e, eventualmente, até se propor a ajudá-la nessa conversa, nesse caso não parece haver abertura para o tema em casa, e é pouco provável que esse diálogo comece em um momento como este, com a adolescente tendo de revelar que é ativa sexualmente, que se relacionou com vários meninos e que adquiriu uma IST. Acaba sendo uma tarefa difícil para uma adolescente, e o resultado é que a garota ficou sem amparo em uma situação em que precisava de ajuda.

Seria importante que a professora indicasse um lugar em que a adolescente pudesse ir, com segurança, buscar o tratamento médico. O Ministério da Saúde tem um documento com normas técnicas e diretrizes que estabelece que menores de idade têm o direito de ser atendidos pelo profissional de saúde em sigilo, "desde que tenham capacidade de avaliar seu problema e conduzir-se por seus próprios meios para solucioná-los", e me parece que a garota se enquadra nessa descrição. Desse modo, o apoio da professora seria essencial. Posteriormente, também o médico poderia encorajá-la a envolver a família e auxiliá-la nessa tarefa.

3 Como se posicionar em relação ao namoro e à troca de carinhos em público entre jovens? E jovens do mesmo sexo?

MARY NEIDE DAMICO FIGUEIRÓ - Deve haver uma postura uniforme dos educadores quanto às manifestações de carinho entre aluno(as). É importante que haja regras de comportamento para as expressões de afeto e que elas sejam discutidas; afinal, a escola é um espaço público e faz parte da aprendizagem dos alunos saber diferenciar o que é reservado ao espaço privado e como se comportar adequadamente em público. No entanto, as mesmas regras estabelecidas para relacionamentos heterossexuais devem balizar os relacionamentos homossexuais.

Se a escola permite beijos e abraços entre casais héteros, então que também sejam permitidos e acolhidos abraços e beijos entre casais do mesmo sexo. Isso não só manifesta uma posição justa da escola como ajuda alunos(as) a respeitarem o diferente.

ALEXANDRE SAADEH - Adolescentes precisam ter limites. Trocar carinho é uma coisa, ter comportamento sexual explícito é outra. Tanto faz se hétero ou homossexual. Ninguém precisa estar exposto a uma atividade considerada sexual e explícita. Aí entram os conceitos de liberdade e respeito, que devem ser estimulados e discutidos.

CASO 2

Relato de uma coordenadora pedagógica

"Em um dia que os alunos do 2º ano do ensino fundamental podiam vir fantasiados, João, de 7 anos, veio com uma fantasia de fada. Era um vestido longo, brilhante e com asas brancas. Os auxiliares que receberam os alunos na entrada da escola ficaram boquiabertos, uma delas falou para a mãe que ele não poderia entrar daquele jeito, mas a mãe respondeu que ele insistiu muito para colocar a fantasia da irmã e que não achou que seria um problema. Quando ele chegou na sala de aula, algumas crianças riram dele, chamaram-no de 'mulherzinha', de 'bicha'; algumas meninas falaram que a roupa era bonita. Sem saber como lidar com a situação, a professora disse que todas as fantasias eram apenas roupas de brincadeira, que cada um continua sendo quem é e a turma se acalmou, mas a questão depois gerou uma discussão acalorada na sala dos professores. E se os alunos começassem a usar saia ou vestido? O que os outros pais diriam? Temos dificuldade para lidar com essas situações."

1 **Como o professor e a escola devem lidar com situações em que meninos demonstram interesse por atividades ou têm comportamentos culturalmente identificados como "de meninas" e vice-versa?**

MARY NEIDE DAMICO FIGUEIRÓ - É comum meninos pequenos quererem vestir roupinhas de fada ou princesa não porque são femininas, mas porque são bonitas, e o professor deve protegê-los e impedir que o *bullying* se torne presente nessas ocasiões.

No caso descrito, que frequentemente é visto como uma situação-problema ou uma "bomba", há uma oportunidade de a escola discutir temas como o respeito pelo outro e pela diferença e ensinar que há muitos jeitos de ser mulher e de ser homem.

Todos os professores precisam estudar sobre educação sexual, mesmo que não queiram dar aulas sobre o tema. Ninguém deve ser obrigado a ensinar formalmente, caso não se sinta à vontade, mas o professor precisa ter consciência de que educadores(as) influenciam por meio de suas atitudes, de seu olhar, de seu comportamento não verbal, de seu silêncio. Por exemplo, uma professora de Ciências que trabalha todos os sistemas do organismo, como o digestório, circulatório, etc., e pula o capítulo sobre o sistema sexual (antes chamado sistema reprodutor), está ensinando ao aluno algo com seu silêncio e contribui para uma visão negativa da sexualidade, do corpo, da vida.

Quando se vestiu com a fantasia que queria e foi ridicularizado, João teve um aprendizado negativo; aprendeu que menino tem que se vestir só como homem, que colocar a roupa de outro gênero é feio e vergonhoso, mesmo para participar de um teatro. Nesse caso, a professora poderia usar heróis e personagens do teatro e da TV conhecidos pelas crianças para fazê-las pensar e conversar a respeito: "Vocês acham que a pessoa que pôs uma roupa do Batman se torna o Batman? Ela veste-se de um personagem, coloca outra roupa, mas continua sendo a mesma pessoa". Talvez ela pudesse também perguntar: "O que é bicha? Vocês já ouviram falar?" e deixar as crianças falarem, escutando-as, e só então explicar: "A palavra bicha é feia, pejorativa. Estamos mais acostumados a ver homens que namoram mulheres e mulheres que namoram homens, mas há também homens que namoram homens e mulheres que namoram mulheres, e devemos nos referir a eles e a elas como gays ou homossexuais. E todo mundo tem direito de viver, de escolher com quem se sente feliz. Faz parte da diversidade". Situações como essa se tornam um momento de aprendizado e, quanto mais cedo as crianças aprenderem sobre diversidade, menos preconceito terão.

A coordenadora relatou ainda outras duas preocupações: a de que os meninos comecem a ir de saia para a escola (e o despreparo da escola, caso isso aconteça) e a reação dos pais. Reconheço que, em razão do discurso de ideologia de gênero, esteja difícil para os professores tratarem esses temas; no entanto, existem documentos que os respaldam. Nós, educadores(as), temos que nos unir, temos que acreditar no nosso trabalho, no nosso papel e na ciência. Ter conhecimento científico, baseado em pesquisas e evidências, nos dá segurança para exercermos nosso papel. E estes mostram que a boa educação sexual na escola gera impactos muito positivos no desenvolvimento dos alunos, na tomada de decisões mais responsáveis na dimensão afetiva e sexual, em sua saúde e em seu bem-estar.

ALEXANDRE SAADEH - Não existem brincadeiras ou brinquedos de meninos ou de meninas. Isso já acabou. As fronteiras ficaram mais sutis e isso deve ser respeitado. Não se trata de transformar meninos em meninas ou o contrário, mas permitir a vivência e a expressão das crianças.

2 Querer vestir-se com roupas que correspondem a outro gênero ou se relacionar com pessoas do mesmo sexo pode ser transitório/passageiro?

MARY NEIDE DAMICO FIGUEIRÓ - Um comportamento homossexual pode ser passageiro ou transitório se a pessoa, na verdade, não tiver essa orientação. Para fazer as suas escolhas com liberdade e responsabilidade, jovens hoje estão se permitindo vivenciar essas experiências, e elas podem ser positivas se acontecem dentro de relações respeitosas e afetivas. Esse é um exercício importante para a descoberta. Não há nada de errado e nenhum prejuízo em uma pessoa, sendo heterossexual, namorar, trocar carícias com uma pessoa do mesmo sexo, até mesmo para experienciar, para ter certeza de sua orientação sexual.

A adolescência é um período importante e, às vezes, difícil e sofrido. O(a) adolescente quer se entender, situar-se no mundo. Ao mesmo tempo, tem o desejo, que é algo que move a todos nós, de se sentir acolhido, amado pela família e, na escola, pelos professores e colegas.

Na grande maioria das vezes, ele(a) não tem conhecimentos suficientes sobre a diversidade sexual e se vê, de repente, com um sentimento de atração afetivo ou sexual por alguém do mesmo sexo. É um processo que pode ser sofrido: ao se perceber diferente dos demais, ele(a) sabe que poderá ser rejeitado pela família ou ser vítima de *bullying* na escola.

É comum que garotos ou garotas que se sentem atraídos por outros do mesmo sexo busquem relacionamentos heterossexuais para ter certeza de seus sentimentos e querer perceber como se sentem.

Ouço professores apavorados com o fato de meninas estarem ficando com meninas na escola, com as implicações que isso pode ter em suas vidas; se não pode levá-las a se "tornarem" homossexuais. Essa preocupação se deve muito mais aos preconceitos e à falta de conhecimento do que à iminência de um problema real. Caso a menina se confirme homossexual, essa orientação já existia, não foi o fato de ficar com outra menina a causa. E, se um garoto ou uma garota for homossexual, nada que se fizer tentando impedir esse movimento terá efeito; ao contrário, só vai aumentar o sofrimento, com impactos que podem ser negativos por toda a vida.

ALEXANDRE SAADEH - Depende. Pode ser que sim, em algumas crianças pequenas que estão experimentando, ou não, naquelas que possuem questões de orientação ou de identidade de gênero. Nestas, o processo é longo e deve ser avaliado e respeitado sempre. Pode existir um encantamento com o universo feminino ou masculino, sem que isso implique uma questão de identidade. Quando é identitária, essa questão possui maior intensidade, duração, profundidade e continuidade ao longo do tempo.

3 **Um trabalho de educação sexual nos primeiros anos de ensino é bom ou ruim para o desenvolvimento das crianças? Há uma idade a partir da qual se possa falar sobre o tema?**

MARY NEIDE DAMICO FIGUEIRÓ - A escola precisa ter um trabalho de educação sexual de qualidade, planejado, intencional e contínuo desde a educação infantil, e não apenas ações pontuais. Nos primeiros anos, podem-se trabalhar conteúdos relacionados à diferença entre animais machos e fêmeas, entre o corpo do menino e o corpo da menina, de onde vêm os bebês. Propor que as crianças pensem se há "coisas de menina" ou "coisas de menino". Por que seria errado um menino brincar de boneca ou de casinha ou uma menina brincar de carrinho se esses elementos fazem parte da vida adulta de homens e mulheres? A escola pode trazer desde cedo a reflexão sobre comportamentos que manifestem a desvalorização de um gênero em relação a outro para que as crianças possam pensar sobre si e construir uma visão mais positiva e humana das pessoas em suas peculiaridades e diferenças.

ALEXANDRE SAADEH - A partir dos 3, 4 anos de idade, as crianças são muito receptivas a qualquer expressão comportamental. Dos 6 aos 9, 10 anos, a coisa complica, pois os valores sociais e familiares provocam comentários, *bullying*, exclusão, etc.

Discutir que ser diferente não implica ser melhor ou pior é importante. Ser feminino ou masculino, segundo os critérios socioculturais, não implica ser melhor ou pior do que ninguém. Lidar com naturalidade não estimula nem condena ninguém.

CASO 3

Relato de uma orientadora educacional

"Jéssica, de 13 anos, é nossa aluna desde a pré-escola. Já há alguns anos tem se mostrado mais 'masculina' que as demais meninas, querendo participar das atividades com os meninos no intervalo. Mais recentemente, passou a se isolar, a ficar agressiva, e suas notas pioraram muito. Também passou a querer usar roupas de menino, a que a família se opôs fortemente. Chamamos os pais para uma conversa e eles se mostraram muito resistentes até a conversar sobre identidade de gênero, mas aceitaram nossa orientação para que buscassem um psicólogo para a filha. Hoje, na escola, a equipe de professores e outros profissionais têm bastante abertura para o tema, lidam bem com as questões de gênero e abordam o tema nas aulas de orientação sexual. O mais difícil é lidar com as famílias: os pais apresentam grande resistência, sentem-se culpados, alguns querem saber o que fizeram de errado e como reverter a situação."

1 **Como a escola deve agir quando percebe num adolescente uma mudança de comportamento que parece ter a ver com uma questão identitária?**

MARY NEIDE DAMICO FIGUEIRÓ - O sofrimento de uma menina de apenas 13 anos que se percebe em um conflito desses é tremendo. Ela gosta de se comportar e de se vestir de acordo com o que é mais típico do comportamento masculino, o que chamamos de identidade de gênero. Esse sofrimento possivelmente levou à agressividade.

Na adolescência, surgem questões como "quem eu sou?", "por que eu sou assim e não como as outras meninas?", para as quais uma jovem poderia ter mais recursos para responder, compreender-se e aceitar-se caso, desde o início da escolaridade, tivesse conhecimento de que os seres humanos são diversos. A escola pode minimizar o sofrimento, evitando consequências que, no futuro, podem ser dolorosas em razão do isolamento, da falta de apoio, de orientação e compreensão.

Não está claro se a adolescente é transexual. Ela pode querer participar das atividades com os meninos apenas por preferir brincadeiras mais ativas. Pode ser também que se sinta uma garota e simplesmente queira se vestir de um jeito masculino. Não significa, necessariamente, que ela rejeite o corpo; pode ser que lide bem com suas características físicas femininas, mas, eventualmente, pode querer disfarçar esses atributos. Só teremos o caso de uma pessoa transexual se ela não se reconhecer em um corpo feminino, não reconhecer sua genitália e seus seios como sendo parte dela, desejando ter um corpo de homem. Se ela aceita o corpo e apenas gosta de se comportar como menino, sua identidade de gênero é masculina. Pode ser que seja uma pessoa homossexual, isto é, que sua orientação sexual e afetiva se volte para meninas, mas não necessariamente.

Daí a enorme importância de se tratar da diversidade sexual na escola e de o professor ser preparado para esclarecer que questão de gênero não é doença, não é transtorno e não é pecado, embora algumas religiões considerem assim. Mesmo em diversas religiões, há, felizmente, visões progressistas que entendem a diversidade sexual dentro da visão científica, como parte da diversidade humana.

Chamou minha atenção a escola ter conversado primeiro com os pais, e não com a menina. Aquela professora que tem mais afinidade com a aluna poderia dizer: "Vejo que você não está bem, que está se isolando. Você gostaria de conversar? Seria bom se você procurasse um psicólogo para te acompanhar, você permite que eu chame seus pais para a gente ter uma conversa?". Dessa forma, a estaria apoiando na escuta e não esperaria o caso chegar em um nível tão grande de sofrimento.

Jamais a escola deve chamar os pais para revelar algo sobre os filhos no que diz respeito a identidade de gênero ou a orientação sexual sem seu consentimento. Porque, sobretudo, a criança ou adolescente tem de ter liberdade para contar para quem quiser. E, veja, os pais levaram-na a um psicólogo. No entanto, há casos de pais que, ao saberem da sexualidade do filho, rompem a relação, expulsam-no de casa. É um risco muito grande que, depois, foge do controle da escola.

2 Qual a melhor forma de os professores lidarem com as situações e com expressões de gênero que podem ser consideradas "atípicas"?

MARY NEIDE DAMICO FIGUEIRÓ - Entendo que, por expressões de gênero atípicas, estejam se referindo a pessoas transexuais, travestis e homossexuais, que estão fora do padrão heteronormativo, ao qual estamos acostumados. Nesses casos, é necessário saber antes como os professores veem a situação. Quais seus preconceitos? O que pensam sobre o assunto? Pois não adianta dar uma "receita", dizer que um aluno trans, por exemplo, deve ser tratado com respeito e igualdade se há algo que perturba o professor, que o faz ver a situação como um problema ou o leva a diminuir o valor do aluno como pessoa. O educador precisa entender a questão do ponto de vista da ciência e (re)pensar suas concepções para ter uma visão positiva da sexualidade e da diversidade sexual, reconhecendo a LGBTfobia como consequência da ignorância, do desconhecimento.

A partir daí, o professor pode se dispor a ser alguém que ouve e apoia. É muito importante na escola ter professores que possam ser esse ombro amigo, para que o aluno não desista de estudar, para que ele se sinta acolhido e respeitado, ajudando para que não sofra *bullying*. E o *bullying* é combatido levando-se conhecimento a todos, reforçando que não há nada que diferencie pessoas heterossexuais de homossexuais ou transexuais, e que se pode pensar no carinho e no amor entre as pessoas, e não somente no sexo.

ALEXANDRE SAADEH - Primeiro, informando-se e adquirindo formação sobre o tema; depois, lidando com naturalidade com essas manifestações, que devem ser olhadas com muito cuidado, sem definições *a priori*. Quem se define é a criança e os comportamentos serão muito parecidos. Uma coisa é se comportar como, outra coisa é ser ou querer ser, sentir que é e pode ser.

3. **Falar sobre homossexualidade, transgeneridade e permitir que crianças e adolescentes expressem uma orientação sexual ou um gênero em não conformidade com o sexo biológico pode incentivar outros alunos a manifestar o mesmo comportamento?**

MARY NEIDE DAMICO FIGUEIRÓ - Não. Vários estudos foram feitos e não se encontrou nenhuma relação de causa e efeito nesse sentido. Falar sobre homossexualidade ou transgeneridade ou conviver com pessoas homossexuais ou transgênero é positivo para a compreensão da grande diversidade humana e para diminuir o preconceito, favorecendo relações mais respeitosas.

ALEXANDRE SAADEH - Só se tiverem essa predisposição. Se não, só favorece a aceitação e a diminuição do preconceito e da discriminação – o que já vem acontecendo naturalmente nas escolas, apesar de professores, orientadores, pais e diretores.

4. **Qual o melhor modo de tratar a questão com as famílias quando a escola perceber que a criança ou o adolescente apresenta problemas ou sofrimento em relação a seu gênero ou orientação sexual?**

MARY NEIDE DAMICO FIGUEIRÓ - Primeiramente, conversar com a criança ou o(a) jovem para ouvi-lo(a) e apoiá-lo(a). O suporte da escola é fundamental para que ele(a) possa enfrentar esses desafios, para compreender e aceitar com mais tranquilidade seus afetos e desejos. Perguntar sobre como está se comunicando com a família a respeito de sua sexualidade, se há abertura para o tema. Somente chamar a família com o consentimento do(a) aluno(a). Como comentei anteriormente, a criança e o(a) adolescente têm o direito de decidir com quem querem falar sobre suas questões sexuais. A escola não pode agir de modo arbitrário nessas situações, se sobrepondo à vontade do(a) aluno(a).

ALEXANDRE SAADEH - Com franqueza. Dizer o que está acontecendo e saber como os pais lidam com essa situação. Ter os pais como aliados da escola é sempre fundamental. Não atuar como denúncia e sim com compreensão do fenômeno, orientando e conduzindo da melhor forma possível e nos limites do papel de uma escola.

Ampliando a compreensão do tema

A sexualidade humana é uma dimensão complexa, que envolve múltiplos aspectos além dos biológicos, como culturais, sociais, afetivos e comportamentais. Há vários sentidos e interpretações, e a diversidade de expressões e preferências sexuais fazem parte da vida de todo indivíduo. A escola deve ser inclusiva, considerar as questões de identidade de gênero e de orientação sexual na socialização.

Por volta dos 18 meses, as crianças começam a ter alguma noção sobre as diferenças de gênero, incluindo uma visão de si mesmas, e, geralmente, na segunda infância, já apresentam diferentes comportamentos associados a seu gênero, manifestados nas roupas que usam, em seus maneirismos, nas brincadeiras, atividades e jogos preferidos, e a que se denomina expressão de gênero.

Desde o início da infância, a cultura ocidental incorpora nos indivíduos os estereótipos de gênero, e o comportamento compatível com as expectativas culturais é denominado gênero normativo ou gênero típico. Por outro lado, o comportamento dissonante constitui a não conformidade de gênero ou gênero atípico.

De modo geral, a sociedade coloca a heterossexualidade como único caminho "normal" e viável, marginalizando aqueles que não se enquadram nessa perspectiva binária de gênero e de orientação sexual. Indivíduos que não assumem os papéis, características e orientações relacionados a seu sexo biológico podem sofrer uma série de consequências negativas, podendo sofrer discriminação e violência.

A ciência hoje considera as diferentes orientações sexuais e identidades de gênero como construções pessoais que envolvem a combinação de múltiplos fatores, entre eles genéticos, hormonais e ambientais. Não se trata de doença nem distúrbio, muito menos de falta de caráter ou perturbação psíquica.

Termos relacionados à sexualidade

Para ajudar no entendimento e na diferenciação entre os termos, fazemos uma breve descrição dos mais frequentes.

▶ **SEXO BIOLÓGICO:** refere-se aos traços físicos e biológicos que diferenciam mulheres e homens, como a genitália, a presença de seios, pelos, timbre de voz, etc.

▶ **GÊNERO:** distinção sociocultural entre masculino e feminino que envolve atitudes, comportamentos e papéis que a cultura atribui ao homem e à mulher. A Associação Americana de Psicologia define gênero como "as atitudes, sentimentos e comportamentos que uma certa cultura associa ao sexo biológico de um indivíduo" (AMERICAN PSYCHOLOGICAL ASSOCIATION, 2012, p. 11, tradução livre).[1]

▶ **IDENTIDADE DE GÊNERO:** o modo como alguém se percebe e se sente como masculino, feminino ou outro. É algo subjetivo do indivíduo e é influenciada tanto por fatores biológicos como ambientais. Ao

---

[1] Trecho no original: "*Gender* refers to the attitudes, feelings, and behaviors that a given culture associates with a person's biological sex."

desconforto ou estresse que uma criança, adolescente ou adulto sente em relação à discrepância entre sua identidade de gênero e seu sexo biológico damos o nome de disforia de gênero. Tal sofrimento pode ser grande e necessitar de acompanhamento médico e psicológico.

▶ **ORIENTAÇÃO SEXUAL:** refere-se ao desejo e à atração sexual que o indivíduo sente por alguém do sexo oposto (heterossexual), por alguém do mesmo sexo (homossexual) ou por ambos (bissexual) e que se consolida por volta dos 17 anos. Não se trata de uma opção da pessoa, é uma orientação do desejo intrínseco a ela e sobre a qual não tem escolha.

▶ **CISGÊNERO:** pessoas cuja identidade de gênero corresponde ao sexo biológico.

▶ **TRANSGÊNERO:** é um termo amplo que incorpora diferentes expressões ou identidades de gênero que não estão em conformidade com aquele atribuído a seu sexo biológico. A transgeneridade é um fenômeno complexo e multifatorial, que pode envolver aspectos biológicos e ambientais, não sendo resultado de uma única causa. Ser uma pessoa trans não é uma opção, no sentido de uma escolha livre, e sim o modo de sentir-se e de identificar-se (AMERICAN PSYCHOLOGICAL ASSOCIATION, 2011). Sob a denominação "transgênero", há algumas identidades que relacionamos a seguir:

- **TRANSEXUAL:** o termo é frequentemente associado a pessoas que alteram ou desejam alterar seus corpos para que fiquem mais compatíveis com sua identidade de gênero por meio de intervenções médicas a partir do uso de hormônios, cirurgias ou outros meios. Desse modo, pessoas que foram designadas como mulheres, mas que se identificam como homens e alteram seus corpos para que fiquem compatíveis com a identidade masculina, são denominadas "homens trans". Da mesma forma, pessoas designadas como homens, mas que se identificam como mulheres e alteram seus corpos para que estejam compatíveis com a identidade feminina, são denominadas "mulheres trans".

- **TRAVESTI:** se refere a pessoas que usam roupas que são tradicionalmente usadas por outro gênero. Variam no quão completamente se transvestem, podendo usar apenas uma peça do vestuário ou a vestimenta total, sendo uma forma de expressão não necessariamente ligada à atividade erótica ou orientação sexual. Frequentemente, sentem-se confortáveis com seu sexo atribuído e não desejam mudá-lo.

▶ **NÃO-BINÁRIO (OU NÃO-BINÁRIE):** refere-se a pessoas que podem se reconhecer nos gêneros masculino e feminino ao mesmo tempo, não se identificar com nenhum deles ou mesmo às vezes se identificar com o gênero masculino e outras com o gênero feminino.

▶ **HOMOSSEXUALIDADE:** é a orientação sexual por indivíduos do mesmo sexo, ou seja, o desejo afetivo-sexual volta-se para pessoas do mesmo sexo.

▶ **BISSEXUALIDADE:** é a orientação sexual por indivíduos tanto do sexo oposto quanto do mesmo sexo.

▶ **INTERSEXUALIDADE:** são variações biológicas (genéticas, hormonais ou outras fisiológicas) que dificultam identificar uma pessoa como masculino ou feminino.

▶ **LGBTQIAP+:** sigla utilizada para representar as orientações sexuais e identidades de gênero. Engloba: lésbicas, gays, bissexuais, travestis, transgêneros, transexuais, queer, intersexo, agêneros, assexuais, pansexuais. O "+" significando as demais orientações sexuais e identidades de gênero.

▶ **LGBTFOBIA (HOMOFOBIA, LESBOFOBIA, TRANSFOBIA, ETC.):** caracteriza-se por aversão, desprezo ou violência dirigida a indivíduos com orientação sexual ou identidade de gênero diferentes das consideradas convencionais. Vale lembrar que em 13 de junho de 2019, o Supremo Tribunal Federal (STF) decidiu pela criminalização da homofobia e da transfobia, um marco na luta pela diversidade no Brasil.

A sexualidade na escola

Antes de tudo, consideramos importante entender o que é educação sexual. Na definição da psicóloga Mary Neide Damico Figueiró, educação sexual diz respeito a "toda ação ensino-aprendizagem sobre a sexualidade humana, seja no nível de conhecimento de informações básicas, seja no nível de conhecimento e/ou discussões e reflexões sobre valores, normas, sentimentos, emoções e atitudes relacionados à vida sexual" (Figueiró, 2020b, p. 3). Ela destaca também os três principais mitos relacionados ao tema:

- *1º mito: Espere a criança perguntar*

A educação sexual da criança é necessária. Entender o corpo, de onde vêm os bebês e outras informações precisam ser ensinadas. Há crianças que não perguntam e esperar por essas perguntas pode fazer com que se perca a oportunidade de ensinar fatos fundamentais para seu desenvolvimento.

- *2º mito: Quando a criança perguntar, responda apenas ao que perguntou*

Se a criança perguntou, significa que está interessada no assunto. É positivo abrir um diálogo que possibilite que ela conte o que ela já sabe e possa fazer outras perguntas. Do mesmo modo, o adulto pode complementar com outras informações relacionadas que possam ser importantes.

- *3º mito: Falar sobre sexo precocemente faz com que as crianças e adolescentes iniciem mais cedo sua atividade sexual*

Pesquisas nacionais e internacionais mostram justamente o contrário: falar sobre sexo e educar sexualmente a criança e o adolescente faz com que ele(a) adie o início da vida sexual, uma vez que tem maior compreensão sobre a seriedade e a responsabilidade de seus comportamentos.

A educação sexual passou a fazer parte do currículo escolar no Brasil na década de 1970, quando se abordavam apenas questões relacionadas à reprodução humana. Na década de 1990, passou a tratar de temas como prevenção da AIDS e outras infecções sexualmente transmissíveis (ISTs), gravidez na adolescência e as questões do prazer e do afeto. Em 1997, os Parâmetros Curriculares Nacionais (PCNs) incluíram o tema "Orientação Sexual" com as diretrizes do governo federal para a área. Desde então, tem havido muitas discussões em diferentes setores na sociedade sobre a inclusão da discussão sobre gênero na escola, e alguns não são favoráveis por compreenderam-na como "ideologia de gênero". Em razão disso, o Ministério da Educação (MEC) retirou da nova Base Nacional Comum Curricular (BNCC) as questões relacionadas ao gênero no final de 2018.

Além de compreender a biologia e a fisiologia da sexualidade, o funcionamento do próprio corpo, a gravidez, a parto, aprender a prevenir as ISTs e a evitar a gravidez, a educação sexual tem por objetivo desenvolver a compreensão da afetividade e da responsabilidade consigo e com o outro, discutindo a sexualidade de forma a responder a dúvidas e angústias dos estudantes. Compreender o sexo como algo natural, saudável, prazeroso e bonito, enfim, como parte essencial da vida, ajudará a criança e o adolescente a lidar melhor com seu corpo e a conhecer e impor limites em relação a ele. Estudos mostram que países que oferecem a educação sexual na escola têm menos casos de abuso sexual de crianças em comparação aos que não trabalham o tema no currículo.

A educação sexual também amplia a discussão para os diferentes papéis atribuídos a homens e mulheres na sociedade, abarcando relações de poder, machismo, violência contra a mulher, entre outros pontos fundamentais para a formação integral do aluno. Desse modo, se bem conduzida, a educação sexual é promotora da saúde física, psicológica e contribui para a responsabilidade social do educando, desfazendo mitos, tabus ou ideias equivocadas sobre a sexualidade.

Falar sobre gênero na escola?

Educadores, famílias ou responsáveis por políticas públicas receiam que discutir questões de gênero e orientação sexual na escola possa influenciar as crianças, fazendo com que sejam incentivadas a tornar-se homossexuais ou transgêneros. No entanto, uma revisão sistemática de estudos realizada na Alemanha e publicada em 2017 evidenciou que incluir o tema na educação sexual não só não influencia na identidade de gênero ou orientação sexual dos alunos como previne comportamentos de homofobia, transfobia, *bullying* e violência contra minorias, além de diminuir o sofrimento de crianças e adolescentes que passam por questões de gênero (Gegenfurtner; Gebhardt, 2017).

Mesmo depois de algumas décadas da inclusão da educação sexual no currículo do ensino básico, muitos professores têm dificuldade de abordar o tema por despreparo ou formação insuficiente ou, ainda, por convenções sociais e culturais, mantendo o assunto no âmbito do segredo, da polêmica e do proibido. Essa atitude impede que a escola ajude os estudantes a eliminar suas dúvidas e enormes angústias no caso de se perceberem com sentimentos ou atração por indivíduos do mesmo sexo. Além disso, pode gerar comportamentos de marginalização, rejeição e violência em relação aos que demonstram comportamento não convencional.

As mudanças sociais que se refletem no comportamento de crianças e jovens em relação à sexualidade trazem maior complexidade na abordagem do tema, exigindo que o professor tenha embasamento teórico e didático coerentes com as demandas dos alunos.

O papel da escola

A escola é um dos primeiros espaços de interação social e onde, primordialmente, acontece a pressão social do grupo para a adequação de gênero. Estudos mostram que na escola há grande risco de vitimização para as crianças com manifestação de comportamento de gênero atípico (Toomey *et al.*, 2010).

Já na pré-escola, as crianças entendem as categorias de gênero e a pressão para associá-las a seu sexo biológico, e essa pressão exercida pelos colegas muda nas diferentes fases do desenvolvimento. Quanto mais cedo a criança manifesta um comportamento não compatível com as regras e papéis associados a seu sexo biológico, mais sujeita à vitimização ela está.

Na adolescência, a maior consciência das regras e a necessidade de pertencimento pode fazer com que, em grupos menos tolerantes à diversidade sexual, os jovens busquem se adequar aos papéis atribuídos ao gênero relacionado a seu sexo biológico. A reação dos pares à não conformidade de gênero se manifesta em ações negativas que envolvem desde questionamento verbal até violência física, gerando frequentemente o sentimento de vergonha e rejeição. A maioria dos jovens com não conformidade de gênero relatam que sua primeira experiência de vitimização verbal ou física ocorreu na escola, com maior risco para os meninos que para as meninas.

Enfrentar frequentes reações negativas e a não aceitação da família, da comunidade ou dos pares pode gerar sentimentos negativos em relação a si mesmo, com impactos severos no bem-estar e ajustamento psicossocial do indivíduo, tornando-o mais propenso a quadros de transtornos mentais como depressão e ansiedade, com maior risco de abuso de substâncias e suicídio.

A vitimização de crianças e jovens que expressam não conformidade de gênero pode comprometer seu processo de aprendizagem, levando a um pior desempenho acadêmico. A percepção do ambiente da escola como hostil e inseguro fragiliza a conexão com a comunidade escolar e aumenta os índices de abandono dos estudos.

O desenvolvimento de uma identidade de gênero em não conformidade com o sexo biológico e sua aceitação pelo próprio indivíduo é um processo complexo. Assumi-la, muito frequentemente, envolve vários riscos e dificuldades dentro da família e da escola. Muitos decidem não assumir publicamente sua identidade sexual, mas podem ter essa identidade divulgada por outros em razão de suas características e comportamentos.

Assumir sua orientação sexual/identidade de gênero tem se mostrado favorável ao desenvolvimento saudável desses jovens, desde que tenham apoio dos grupos dos quais fazem parte, e a escola funciona como um fator de proteção, fortalecendo a autoestima e o bem-estar. E, para além de opiniões distintas sobre como lidar com sexualidade e gênero na escola, essas questões continuarão aparecendo e demandando suporte.

Na prática, a educação sexual pode acontecer de modo formal, com aulas planejadas e intencionais, ou informal, em situações corriqueiras nas quais o tema é suscitado, ou mesmo por meio de atitudes em que, sem perceber, os educadores transmitem valores e comportamentos. Em razão de sua complexidade, a abordagem interdisciplinar pode ser favorável para contemplar o ensino de seus múltiplos aspectos, podendo incluir discussões, debates, projetos e outras práticas pedagógicas que favoreçam o diálogo e a participação do aluno.

É importante que a escola discuta o tema entre os profissionais e com os alunos. Combater o preconceito e a discriminação, desenvolver a capacidade de lidar com quem é, pensa ou comporta-se de maneira "diferente" é fundamental para o processo educacional ético e fundamentado em valores humanos positivos.

Foto: Freepik/pressfoto

CAPÍTULO 4

Problemas de aprendizagem

Há uma percepção generalizada das famílias de que a garantia de um futuro promissor para os mais jovens só poderá vir por meio de uma educação bem-sucedida, o que é confirmado por pesquisas que apontam a relação entre maior escolaridade e melhor nível de empregabilidade e renda (Ribeiro, 2016). Mais anos de estudo também constituem um fator de proteção para a saúde mental em razão de diversos aspectos positivos que a escolarização desenvolve, aqui incluídas habilidades cognitivas, sociais, emocionais e competências para a vida profissional (Silva; Loureiro; Cardoso, 2016). Nesse contexto, a atenção e a expectativa relacionadas ao processo de aprender são crescentes, e as questões inerentes a ele têm sido cada vez mais motivo de preocupação para pais e educadores e de angústia para muitos estudantes.

Os problemas relacionados ao processo de aprendizagem podem, se não cuidados adequadamente, levar ao fracasso escolar – situação que pode se desdobrar em dificuldades de leitura e escrita, de raciocínio matemático, em reprovação, defasagem idade-série e, finalmente, em evasão escolar, com consequências dramáticas para a vida do indivíduo e para toda a sociedade.

Esses obstáculos são fenômenos complexos e sempre multifatoriais. A despeito disso, é comum que se coloque mais foco em estabelecer culpados (a própria criança, a família, a escola, a condição socioeconômica, etc.) que em buscar soluções, investigando o processo, suas características e considerando as grandes possibilidades de transformá-lo em prol da melhor aprendizagem.

Nas últimas décadas, percebe-se um aumento na identificação de crianças e adolescentes com problemas de aprendizagem (SILVA, 2008). Em parte, esse aumento decorre da maior valorização da escolarização e do cuidado com o processo de aprender, mas também reflete o fato de que ainda está presente a expectativa de uma uniformidade no processo de aprendizagem.

O estabelecimento da legislação brasileira voltada à inclusão trouxe maior complexidade ao tema. Estudantes com deficiência física ou mental têm direitos garantidos pela Lei Brasileira de Inclusão da Pessoa com Deficiência (n.º 13.146/2015), pela Constituição Federal de 1988 e pela Lei de Diretrizes e Bases da Educação Nacional (n.º 9.394/1996). Assim, as escolas passaram a lidar com uma maior diversidade nas características desse processo.

Embora os problemas de aprendizagem não sejam novidade na educação escolar, ainda são bastante desafiadores para os educadores e se traduzem em dilemas que as escolas buscam enfrentar. No entanto, frequentemente, geram a percepção de que são desafios cujas soluções estão em algum lugar fora da escola, que exigem conhecimentos ainda não adquiridos ou mesmo que estão fora do alcance e da capacidade dos educadores. Em certas situações, é realmente necessário o trabalho conjunto com profissionais de outras áreas, mas, em todos os casos, a maior responsável pela aprendizagem acadêmica é a escola e os mais capazes de promovê-la são os professores.

Vamos, então, refletir sobre duas situações que podem se parecer com alguma das que você, educador, tenha vivenciado. Os comentários são de Ana Laura Godinho Lima, professora livre-docente de Psicologia e Educação na Faculdade de Educação da USP, e de Nadia Aparecida Bossa, doutora em Psicologia e Educação pela USP e especialista em Neuropsicologia.

CASO 1

Relato de uma orientadora educacional

"Sou orientadora educacional em uma escola considerada de boa qualidade e que realiza um bom processo de inclusão de alunos com questões diversas e problemas de aprendizagem.

Organizamos uma equipe de apoio para os alunos que tinham diagnósticos que indicavam maiores dificuldades com o processo regular de ensino em sala de aula. Além de fazerem adaptações de atividades e avaliações, esses 'apoiadores' acompanhavam os alunos durante a aula, dando orientações adicionais e suporte para tarefas mais complexas, para que pudessem acompanhar a turma.

No início, os pais de crianças nessas condições ficaram muito incomodados ao pensar que elas pudessem se sentir constrangidas com a presença de alguém para ajudá-las durante as aulas. Mas, no último ano, vimos um movimento contrário: famílias buscando diagnósticos com profissionais de saúde para obter da escola esse tipo de apoio. Assim, uma equipe de apoio que inicialmente tinha seis pessoas – e que atendia situações em que o aluno tinha de fato dificuldades que exigiam um suporte personalizado – viu-se instada a aumentar o número de integrantes para atender um número crescente de alunos.

Para complicar a situação, alguns desses alunos passaram a usar os 'diagnósticos' como justificativa para não realizar certas atividades de maneira autônoma. E alguns professores passaram a lidar com eles não mais como sendo de sua responsabilidade, mas sim da equipe de apoio.

Estou revendo o trabalho que estamos desenvolvendo aqui. O que começou como uma forma de a escola se responsabilizar e buscar oferecer possibilidades para o melhor aprendizado de alunos com necessidades especiais passou a ser encarado como um privilégio a se obter da escola para um trabalho de ensino individualizado. Qual será o próximo passo? Passarmos a ter um tutor para cada aluno? E o coletivo? Não concordo com isso e teremos de encontrar outro caminho."

1 **O tratamento individualizado a crianças com problemas de aprendizagem pode ser visto como um privilégio?**

ANA LAURA GODINHO LIMA - Por um lado, compreende-se que os pais, ao verem algumas crianças receberem atenção individualizada, passem a reivindicar para seus filhos o mesmo atendimento diferenciado ou, para usar uma palavra do vocabulário relacionado ao consumo, o mesmo ensino "customizado". Se consideram o ensino de seus filhos como um serviço pelo qual estão pagando, entende-se que fiquem insatisfeitos por receber um atendimento-padrão (*standard*) enquanto outros recebem um atendimento diferenciado sem pagar nada a mais por isso.

Contudo, a educação não é um serviço como outro qualquer, mas uma função pública, mesmo quando se exerce em uma instituição privada, e os pais que buscam um diagnóstico de um "problema de aprendizagem" qualquer como forma de reivindicar o atendimento individualizado para seus filhos (todos querem ser VIPs) deixam de levar em consideração pelo menos duas consequências indesejáveis dessa decisão:

Em primeiro lugar, a criança que leva para a escola um diagnóstico de transtorno, distúrbio ou o que quer que seja que justifique a necessidade de um tratamento especial passa, inevitavelmente, a carregar o peso do rótulo que, por mais atenuado que seja, sempre se associa a ideias de "anormal" e/ou de "incapaz". Esta me parece ser uma consequência quase inevitável do diagnóstico, da qual é praticamente impossível proteger uma criança. Ela passa a receber atendimento individualizado, mas, em consequência, é levada a acreditar que precisa disso por ser menos capaz ou por ter um "defeito". Por isso mesmo, o ideal seria evitar tanto quanto possível a prática de diagnosticar problemas de aprendizagem.

Em segundo lugar, oferecer atenção individualizada na escola para crianças que podem aprender coletivamente é impedi-las de desenvolver a capacidade de se esforçar para compreender um discurso que não foi feito para ela em particular, mas para o grupo do qual faz parte. Nossa sociedade reserva à família a responsabilidade de oferecer atenção individualizada, de que as crianças também precisam, de que todos nós precisamos. À escola, contudo, reserva-se a função de ensiná-las a viver no espaço público. Aprender a prestar atenção e até a se interessar por um discurso que não se dirige a uma criança em especial ou realizar uma atividade proposta para o grupo que a criança integra, sendo ela um indivíduo entre outros, também é importante, pois contribui para ampliar as suas possibilidades, seus interesses, suas oportunidades de aprender e de se relacionar com os outros.

Assim, talvez, a principal consequência de buscar um atendimento individualizado para uma criança que não tem necessidade disso pode ser a de criar nela a incapacidade de tomar parte em atividades coletivas, de compreender discursos que não se dirijam especialmente a ela, enquanto uma educação inclusiva deveria fazer justamente o oposto, ou seja, procurar fazer com que a criança que necessita de um atendimento individualizado para poder participar de atividades coletivas torne-se cada vez menos dependente desse auxílio e possa interagir com o grupo de maneira cada vez mais independente e com menos necessidade de discursos e atividades adaptadas.

Em suma, o ensino adaptado pode ser uma necessidade em alguns casos, para algumas crianças, por algum tempo, mas não deveria ser objeto de desejo das famílias, e os pais precisariam ser esclarecidos sobre os prejuízos para a educação dos seus filhos desse tipo de demanda feita à escola. Sendo assim, concordo com a orientadora educacional de que seria preciso repensar a situação vivida na escola.

NADIA APARECIDA BOSSA - Essa é uma realidade vivida por muitas escolas em consequência da tentativa de dar o melhor suporte ao aluno que requeira um "processo diferenciado de inclusão". Incluir é um verbo, portanto representa uma ação, que vem do latim *includere*. No sentido etimológico, significa "conter em, fazer parte de, ou participar de". Então, me deparo com uma nova questão: quando buscamos fazer a inclusão do aluno, qual desses significados, de fato, está em nossa mente?

Revisitando as diversas situações que me foram objeto de estudo, concluo que o contexto determina o que rege o processo, e que o cenário ideal de inclusão deveria significar que o estudante estivesse contido na escola, participando do que é oferecido e contribuindo com seu potencial para o crescimento do grupo. No entanto, a parte em que o estudante contribui com seu potencial talvez seja a menos presente nos mais bem-sucedidos processos de inclusão.

Quanto à fala da orientadora, destaco algumas questões que, de imediato, se impõem: Diagnósticos de quais especialidades são considerados para essa classificação? O quanto e como esses diagnósticos eram estudados ou minimamente explicados por seus autores ou profissionais técnicos responsáveis para que todos – apoiadores, professores regentes de salas ou disciplinas, colegas de classe – pudessem verdadeiramente fazer frente às demandas do aluno no processo de inclusão? Qual o treinamento ou as habilidades e competências dos apoiadores dos alunos? Os pais participaram (ou foram inseridos) da decisão da escola de manter um apoiador ao lado do filho?

Assim, quando pensamos na questão da inclusão, não podemos deixar de considerar todos os envolvidos no processo, de forma que se possa obter o maior benefício com a menor dor.

❷ Quais são as principais ações que uma escola deve adotar para ser de fato inclusiva e promover o aprendizado de todos os alunos em sua diversidade?

ANA LAURA GODINHO LIMA - Do meu ponto de vista, fortalecer o trabalho dos educadores, criando condições para que possam realizar adequadamente o seu trabalho, o qual exige considerar simultaneamente o grupo e o indivíduo. A possibilidade de contar com a parceria de outro professor ou de ensinar a grupos menores de crianças poderia talvez evitar grande parte dos encaminhamentos e da estigmatização das crianças como "problemas".

É interessante pensar sobre o fato de que, ao longo do século XX, o número de filhos por família caiu drasticamente e essa é uma das explicações para a atenção mais individualizada que as crianças passaram a receber de seus pais, sendo tratadas como uma pessoa em vez de serem simplesmente parte do coletivo: "as crianças". Por outro lado, a proporção de alunos por sala de aula permaneceu aproximadamente a mesma da época em que se instituíram os primeiros grupos escolares, os quais não pretendiam escolarizar lado a lado crianças consideradas normais e aquelas às quais nos referimos como casos de "inclusão".

Outra ação seria uma reação à lógica das avaliações seriadas, que impõem a todos o aprendizado dos mesmos conteúdos no mesmo ritmo, como se os alunos de um estado ou do país inteiro formassem um grupo homogêneo e contassem com as mesmas condições de vida e escolarização.

NADIA APARECIDA BOSSA - O processo de inclusão como um todo requer muito mais estudos e pesquisa para que seja realidade no sentido lato do termo. É necessário pensar a forma de agrupamento dos estudantes, o tempo que o aluno chamado "aluno de inclusão" permanece na sala de aula com o grupo maior, os critérios para a classificação do aluno nessa categoria e, especialmente, a enorme gama de situações totalmente distintas que são tratadas como iguais.

Embora se pense que as ações devam ser as mesmas quando se trata de casos de inclusão, há muitas variáveis que precisam ser consideradas para cada situação: flexibilidade no horário escolar; agrupamento vertical; tempo de permanência na sala de aula; previsão de atividades em salas diferenciadas, que agrupem os estudantes de inclusão em função das suas necessidades (e não do ano escolar e/ou idade) e sejam preparadas com recursos que atendam e promovam o aprendizado necessário àqueles alunos; e um currículo escolar diferenciado, que priorize conteúdos acadêmicos que favoreçam o desenvolvimento de habilidades possíveis e essenciais à vida daquele estudante, ou seja, um currículo diferenciado para o estudante diferente.

3 No que tange aos problemas de aprendizagem, o que é de responsabilidade da escola e o que demanda a busca por um especialista?

ANA LAURA GODINHO LIMA - É difícil estabelecer com precisão essa fronteira, essa divisão de responsabilidades, seja entre ensino escolar e atendimento especializado, médico ou de outra natureza, ou mesmo entre o que cabe à escola e o que cabe à família. Para ajudar a pensar a respeito, vale lembrar que da escola se espera que ensine às crianças e aos adolescentes os conteúdos culturais socialmente valorizados, que compõem o currículo, e também as regras de convivência. Cabe aos professores ensinar aos alunos e compreender que, embora seja possível prever em linhas gerais quanto tempo e quanto trabalho será preciso para que os alunos aprendam, diversas crianças se afastarão dessa previsão inicial, que corresponde aproximadamente à média para o grupo – o que não significa necessariamente que as crianças que se mostram "atípicas" só poderão aprender desde que se possa contar com o auxílio de um especialista. Quando as dificuldades parecerem exigir recursos dos quais a escola não dispõe e não pode dispor, talvez seja o caso de se recorrer a algum tipo de auxílio ou atendimento de especialistas, seja na forma de orientações para a equipe escolar, seja por meio do atendimento individual ao aluno, dentro ou fora da escola.

CASO 2

Relato de um professor do ensino fundamental

"A aluna chegou há um ano na nossa escola; hoje está no 3º do ensino fundamental. Já de cara, percebi que ela tinha dificuldades para compreender o que era explicado, sendo necessário repetir inúmeras vezes e lembrá-la da etapa seguinte da atividade para que conseguisse concluir a tarefa. Avisei a coordenação, que chamou a família e sugeriu que buscassem alguns especialistas para uma investigação cuidadosa, já que possivelmente havia um quadro de transtorno de aprendizagem.

A família atendeu o pedido e, faz três meses, a aluna está sendo atendida por um especialista. Mas as dificuldades em sala continuam, ainda tenho que dar explicações adicionais e atenção diferenciada a ela, o que é desgastante porque acabo não dando conta de tudo que preciso realizar durante a aula, até porque há outros alunos com problemas para aprender. Penso que a família precisa buscar outro profissional, pois não vejo mudanças no comportamento e no desempenho dela."

1 **Em que medida o acompanhamento de um especialista mitiga os desafios do professor em sala de aula?**

ANA LAURA GODINHO LIMA - O fato de que algumas crianças dão mais trabalho para os professores ou para os pais infelizmente não significa que elas podem se tornar mais fáceis se passarem a ser atendidas por um especialista. Há condições especiais que podem de fato demandar o auxílio de um atendimento especializado. Na maioria dos casos, contudo, mesmo que uma criança destoe do grupo de maneira mais ou menos acentuada, não é garantido que um atendimento especializado realizado fora da escola ajude a mudar o seu comportamento em sala de aula.

No caso referido, se o atendimento não ajudou, trocar de especialista pode levar a mais frustração. O fato é que em uma turma de crianças, embora seja possível identificar modos de comportamento típicos para a faixa etária, frequentemente haverá algumas que se desviam da norma, que não se comportam ou não aprendem de acordo com o esperado. Essas crianças podem se tornar mais difíceis, exigir mais paciência, atenção, perseverança, o que não significa necessariamente que se beneficiem de um atendimento especializado fora da escola.

De maneira geral, pode-se considerar que a maior parte das crianças pode aprender segundo o modelo do ensino simultâneo, isto é, aquele em que um professor se dirige ao mesmo tempo a uma turma de alunos que têm aproximadamente a mesma idade e nível de conhecimentos. O ensino simultâneo é uma modalidade bem-sucedida, favorável tanto ao aprendizado dos conteúdos curriculares quanto à convivência em grupo, mas não é infalível, requer adequações e ajustes.

Mesmo assim, é preciso considerar que cada criança quer e precisa ser reconhecida como um indivíduo por seus professores e pode, às vezes, necessitar de atenção especial em certas ocasiões, pelos mais variados motivos (uma doença ou algum tipo de dificuldade enfrentada fora ou dentro da escola, etc.). Frequentemente há também alguns alunos que se mostram mais trabalhosos para o professor por diversas razões (mais distraído do que o normal, mais falante ou mais sedento de afeto, mais questionador, etc.). Nesses casos, pouca ajuda poderá prestar um especialista. Trata-se apenas do fato inegável da diversidade humana.

Essa criança talvez progredisse se pudesse contar com mais atenção na própria escola. Se, por um lado, nem todos devem requerer um ensino "customizado", por outro lado também é improvável que apenas uma mesma forma de se relacionar com todos, igualmente distribuída, possa atender as necessidades de todas as crianças de uma turma.

Por outro *ângulo*, é preciso considerar que frequentemente os professores se veem às voltas com uma carga de trabalho e de responsabilidades que torna impossível atender adequadamente as necessidades dos alunos, daí a minha impressão de que é preciso oferecer muito apoio aos professores para que estejam em condições de realizar um bom trabalho. Talvez esse professor pudesse continuar dando mais atenção a essa aluna se contasse com maior apoio na própria escola.

Acredito que oferecer auxílio para o professor em sala de aula, que o alivie da carga extra de trabalho que esses alunos representam – não por serem incapazes de aprender, mas por serem atípicos –, pode se tornar mais proveitoso do que o encaminhamento do aluno para um especialista.

2 **Como o professor pode estar mais bem preparado para lidar com os problemas de aprendizagem?**

ANA LAURA GODINHO LIMA - Considero que a melhor maneira é procurar ser o melhor professor possível. Parece-me prejudicial que os professores tentem atuar como psicopedagogos, psicólogos, psiquiatras, neurocientistas ou mesmo pais. Não cabe aos professores, por exemplo, investigar a fundo a história ou a vida íntima de seus alunos. Por outro lado, cabe-lhes refletir sobre o fato de que seus alunos, embora façam parte de um grupo que apresenta certas características típicas da faixa etária e da turma, são também pessoas únicas, cujos comportamentos e reações ao ensino não são inteiramente previsíveis ou controláveis. Uma dificuldade inesperada, um comportamento atípico não necessariamente indicam um "problema" a ser encaminhado para um especialista, mas um desafio a ser inicialmente considerado como parte da profissão. Talvez os professores precisem ser lembrados ou persuadidos de que eles são os melhores especialistas para ensinar crianças em grupo, considerando simultaneamente a classe e o aluno. Frequentemente, são também eles que estão em melhores condições de decidir quando um "problema" ultrapassa as possibilidades da escola e requer atendimento especializado.

3 **Quando há a necessidade de se buscar um especialista, como a escola pode decidir pela especialidade mais adequada para indicar à família?**

ANA LAURA GODINHO LIMA - A escola pode fazer isso observando a criança e suas questões, pensando sobre as dificuldades da própria equipe em auxiliá-la e conversando com a família. Não me parece que cabe à escola indicar um tipo de especialista à família, mas ela pode, em diálogo, ajudar a pensar sobre os problemas enfrentados pela criança e que tipo de atendimento especializado poderia eventualmente representar uma ajuda.

Dificuldades de aprendizagem, problemas de aprendizagem, transtornos de aprendizagem significam a mesma coisa?

Este é um ponto que consideramos necessário nesta reflexão, uma vez que um mesmo termo pode ser compreendido de maneiras diferentes, e seu entendimento afetará o modo como a escola e os educadores vão enxergar a questão, direcionar as ações e possíveis intervenções e se comunicar com a família. Desse modo, não é algo trivial e precisa ser observado.

Outro ponto que se precisa ressaltar é o de que pode haver a tendência de se atribuir o "não aprender" unicamente ao indivíduo que não aprende. Ou seja, assume-se *a priori* que, se a criança não aprende como deveria, há algo de errado com ela. E esse "defeito" precisa ser identificado para poder ser "consertado". Essa visão equivocada e simplista dos problemas de aprendizagem faz com que não se procure entender todos os aspectos envolvidos na situação e, consequentemente, não se encontrem as ações que poderiam fazer essa criança aprender dentro de suas possibilidades.

O emprego dos termos pode variar também em razão da área de conhecimento a que pertence quem analisa o fenômeno, já que os enfoques são distintos e podem se voltar para aspectos específicos, mas que não necessariamente abarcam toda a complexidade da questão. Contudo, o educador precisa refletir mais profundamente como ele próprio a enxerga e como a apresenta.

Desse modo, a partir da literatura, da nossa experiência e dentro dos limites da proposta deste livro, procuraremos delinear algumas expressões com o objetivo de ampliarmos a compreensão das situações em que, de maneira muito genérica, se considera que "o aluno não aprende como o esperado":

▶ **DIFICULDADE DE APRENDIZAGEM:** essa expressão é associada por muitos autores à em inglês *learning disability*, descrita pela primeira vez em 1963 em uma conferência por Samuel Kirk (SILVA, 2008), para se referir a problemas na aprendizagem acadêmica. O termo define, em relação a um aprendizado específico, a discrepância entre o que o sujeito aprende e o que se presume ser seu potencial de aprender, discrepância que pode levar ao fracasso escolar. A dificuldade de aprendizagem tem como causas a combinação de fatores de ordem pessoal, familiar, social e pedagógica (ROLFSEN; MARTINEZ, 2008). Porém, vale ressaltar que "dificuldade de aprendizagem" passou a ser utilizada no senso comum de maneira genérica, podendo ter vários significados (problema de aprendizagem, transtorno específico de aprendizagem, deficiência intelectual, entre outros), acabando por englobar questões muito diversas relacionadas à aprendizagem, o que pode dificultar a identificação de ações assertivas para cada situação. Outro ponto que precisamos considerar é que aprender algo novo sempre envolve algum grau de dificuldade. Certamente conseguimos recordar, na nossa trajetória, algo em que tivemos, inicialmente, muita dificuldade para aprender: desde um idioma, uma atividade manual ou um esporte até a usar um computador ou celular, passando, inclusive, pelas habilidades para um novo trabalho. A dificuldade de aprendizagem é inerente ao próprio processo, por isso, consideramos que o uso do termo pode ser inadequado para esclarecer situações em que percebemos que há uma questão que compromete a plena aprendizagem de um sujeito.

▶ **PROBLEMA DE APRENDIZAGEM:** expressão também bastante utilizada. Em uma abordagem adequada, traz um aspecto que pode contribuir para uma visão menos rígida, mais investigativa e que favorece a busca por ações mais assertivas para as questões do aprender: refere-se a bloqueios *transitórios* no processo de aprendizagem. O problema de aprendizagem representa, assim, uma fratura do processo, impedindo momentaneamente que alguém aprenda dentro do seu potencial. É muito importante entender que ele é sempre multifatorial, não é de causa única nem permanente. Pode se constituir pela combinação de vários fatores, como:

- emocionais ou psicológicos (separação dos pais, perdas, luto, mudança de escola, sentimento de exclusão na escola, nascimento de um irmão, etc.);
- orgânicos circunstanciais (fome, deficiência de nutrientes, problemas hormonais, problemas de visão ou audição, processos infecciosos, sono irregular, etc.);
- ambientais (pouco acesso a livros e a outros materiais, família ou comunidade que não valoriza o estudo, dificuldade de acesso à escola, trabalho infantil, etc.);
- relacionados ao processo pedagógico (inadequação do método pedagógico ou das formas de avaliação, etc.).

Normalmente, os problemas de aprendizagem podem ser superados com boas intervenções da escola. Em alguns casos, pode ser necessária a parceria desta com profissionais de outras áreas, como o psicólogo, o psicopedagogo, o médico ou o fonoaudiólogo.

▶ **TRANSTORNOS ESPECÍFICOS DE APRENDIZAGEM (TEAp):** fazem parte dos chamados Transtornos do Neurodesenvolvimento e se relacionam com diversos processos cognitivos diretamente envolvidos no aprendizado escolar – daí denominados "específicos". Decorrem de condições neurológicas que afetam as funções cerebrais ligadas diretamente à aprendizagem, como aquelas requisitadas para leitura, escrita ou cálculo, de forma separada ou combinada, não havendo deficiência intelectual ou o comprometimento de outras funções cognitivas e/ou sensoriais (Pinheiro et al., 2018). Nessa categoria estão a dislexia, a discalculia e a disgrafia (ou disortografia), que podem se manifestar de forma leve, moderada ou grave. Estimativas da prevalência dos TEAp variam de 2% a 10%, dependendo da natureza da averiguação e das definições aplicadas.

Transtornos Específicos de Aprendizagem são comumente diagnosticados na infância, na maioria das vezes nos anos iniciais do ensino fundamental. É necessária avaliação clínica, de preferência por mais de um profissional, que pode ser um psicopedagogo, fonoaudiólogo ou um médico neurologista que esteja familiarizado com TEAp.

O diagnóstico precoce pode favorecer muito o processo acadêmico e diminuir o sofrimento da criança, de sua família e mesmo dos educadores, uma vez que fique mais claro que o processo de aprender para estudantes com TEAp é, de fato, distinto. Por ser uma condição neurológica, o TEAp é permanente, mas pode ter suas consequências minimizadas com intervenções pedagógicas adequadas e diferenciadas (tempo maior para realizar uma prova, avaliação oral, poder gravar as aulas, usar calculadora, entre outras) e com o desenvolvimento de habilidades diversas que se constituem em estratégias que minimizam as disfunções, podendo ser favorável a parceria com outros profissionais.

▶ **OUTROS TRANSTORNOS DO NEURODESENVOLVIMENTO:** envolvem quadros bastantes distintos, com causas biológicas e ambientais, em que disfunções neurológicas afetam o funcionamento de funções cognitivas, motoras, de linguagem, comportamentais ou sociais, podendo ter impactos de curta ou longa duração (JESTE, 2015; ROSA *et al.*, 2021). Além dos Transtornos Específicos de Aprendizagem (TEAp), os Transtornos do Neurodesenvolvimento abrangem, entre outros, o Transtorno de Déficit de Atenção/Hiperatividade (TDAH), o Transtorno do Espectro Autista (TEA), o Atraso Global do Desenvolvimento (AGD) e a Deficiência Intelectual (DI).

Embora tenham ganhado visibilidade, esses transtornos acometem a minoria das crianças. Há grandes diferenças entre os quadros e entre indivíduos com o mesmo diagnóstico – o que exige ações diferenciadas. Para alguns, podem ser indicadas intervenções medicamentosas, para outros, não. Em casos específicos, também pode ser necessário o acompanhamento multidisciplinar. Em todos os casos, no entanto, a escola precisará ter uma atenção especial quanto ao processo de aprendizagem e auxiliar no desenvolvimento das habilidades mais afetadas.

▶ **SÍNDROMES GENÉTICAS:** relacionam-se a casos raros em que anomalias cromossômicas podem causar alterações físicas e cognitivas.

A mais comum é a Síndrome de Down, que acomete cerca de 0,1% das crianças (BULL, 2020) e pode causar vulnerabilidades na saúde física, atraso no desenvolvimento motor e da fala e deficiência cognitiva.

Na escola

É importante que o professor tenha não apenas uma visão geral, mas conheça as características de uma situação específica para ampliar sua compreensão sobre os obstáculos e potencialidades dos alunos. No entanto, ele não pode perder de vista que é papel da escola garantir a aprendizagem possível. E, sendo a escola um espaço de educação coletiva, precisa continuamente ter mecanismos que garantam a aprendizagem das crianças em suas especificidades.

A Fig. 1, a seguir, representa como a escola e o educador podem considerar o universo de seus estudantes e pensar estratégias pedagógicas em três níveis para promover o aprendizado:

FIGURA 1 - Estratégias pedagógicas em três níveis

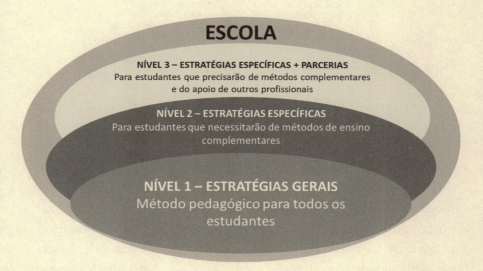

Fonte: Elaboração dos autores.

Ao saber, de antemão, que uma parcela dos estudantes demandará ações específicas, escola e educador poderão planejar e organizar estratégias antecipadamente, e não quando a situação se manifesta, o que certamente trará maior tranquilidade para o processo de ensino-aprendizagem, maior efetividade para a aprendizado, maior segurança para a família e, principalmente, menor sofrimento para o aluno em sua trajetória escolar. Para isso, será preciso olhar integralmente para o estudante, abrangendo as dimensões que se relacionam dinamicamente na aprendizagem, como explicita a Fig. 2:

FIGURA 2 - Dimensões do estudante quanto à aprendizagem

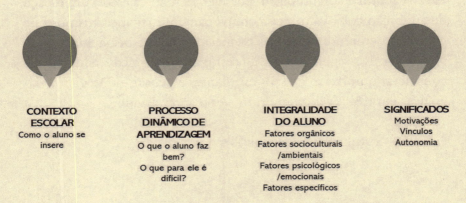

Fonte: Elaboração dos autores.

Gostaríamos de fazer uma provocação: toda criança com síndrome genética ou transtorno do neurodesenvolvimento terá, necessariamente, um problema de aprendizagem? Entendemos que não. Certamente, esse estudante terá características que poderão ser diferentes da maioria: um ritmo diferente de aprendizagem, um modo diverso de raciocinar, um tempo distinto para memorizar, porém poderá sempre aprender dentro de suas potencialidades. É possível que a escola tenha um "problema de ensinagem", ou seja, uma dificuldade para ajustar o método pedagógico a fim de que esse aluno possa realizar seu potencial acadêmico.

Ainda assim, não é incomum que crianças com quadros que a fazem aprender de maneira diferente da média acabem por desenvolver problemas de aprendizagem. A trajetória escolar marcada pela percepção de contínuos fracassos leva a sentimentos de insegurança, incapacidade, baixa autoeficácia e desmotivação, acabando por criar obstáculos e "fraturas" que bloqueiam as possibilidades do estudante, mas ressaltamos que é possível superá-los.

Consideramos que é preciso, como educadores, deixarmos de lado ideias ultrapassadas sobre a aprendizagem em que esta é considerada homogênea e visões simplistas sobre eventuais diferenças ou bloqueios. E, principalmente, devemos nos desvencilhar de concepções que culpabilizam o estudante que não se encaixa na norma. Essa compreensão, sem dúvida, favorecerá os educadores a fazer o que fazem com competência: ensinar!

Foto: Freepik/gpointsudio

$2+2=4$
$3+3=6$
$=10$

CAPÍTULO 5

Altas habilidades

Quem não está habituado a lidar com pessoas com altas habilidades, especificamente crianças e jovens em idade escolar, geralmente espera encontrar alguém que é autodidata ou apresenta resultados extraordinários em todas as disciplinas, sendo capaz de desenvolver, sem auxílio, todo o seu potencial. Grande parte dessa visão se deve à forma estereotipada com que a condição muitas vezes é retratada nas telas, fazendo com que esperemos dessas crianças e jovens algo que não é real e ignoremos os verdadeiros fatores que caracterizam essa condição.

A visão idealizada sobre altas habilidades também leva pais a comparar seus filhos com outras crianças, em busca de evidências de que eles possuam conhecimentos mais avançados, de que sejam melhores alunos, e traz uma grande cobrança para aquelas que apresentam uma inteligência acima da média.

Há também desconhecimento dessa condição por educadores e mesmo entre especialistas, podendo haver confusão com outros quadros, como o transtorno de déficit de atenção/hiperatividade (TDAH). Estudos apontam que há entre 3,5% e 5% de crianças com altas habilidades (Barrera Pérez; Freitas, 2011), estatísticas consideradas conservadoras pela professora Susana Graciela Pérez Barrera, especialista no tema, que avalia que esse índice pode chegar a 10% (conforme menciona abaixo em seus comentários sobre o caso apresentado). A condição de alunos com altas habilidades necessariamente exige uma atuação cuidadosa da escola na identificação e condução adequada do processo escolar e do suporte ao estudante, sob o risco de haver impactos bastante negativos em sua aprendizagem e em seu desenvolvimento socioemocional.

No Brasil, a identificação de alunos com altas habilidades ainda é baixa. Segundo o Censo Escolar de 2020, existem mais de 24 mil estudantes com essa condição no país. Se considerarmos que naquele ano, de acordo com o Censo, o Brasil tinha aproximadamente 47,3 milhões de estudantes no ensino básico, esse número corresponderia a apenas 0,05% do total de estudantes. Ou seja, um número pelo menos 100 vezes menor do que se estima que haja de crianças e adolescentes com altas habilidades na realidade. Essa subnotificação pode ser resultado do desconhecimento por parte da sociedade, como um todo, dos fatores que envolvem as altas habilidades. Em países como os Estados Unidos os números são maiores. Alguns estados americanos, por exemplo, apresentam uma política educacional focada em identificar esses estudantes ainda nos primeiros anos de escola, o que proporciona mais oportunidades para o desenvolvimento do potencial deles.

Para ilustrar essa realidade na escola, reproduzimos um caso real. Alguns aspectos foram comentados por Susana Graciela Pérez Barrera, sócia-fundadora do Conselho Brasileiro para Superdotação e doutora em Educação pela Universidade Federal de Santa Maria (UFSM).

CASO

Relato de um psiquiatra infantil

"João sempre apresentou problemas de relacionamento na escola, achava seus colegas 'bobos', e, aos 11 anos, foi encaminhado ao psicólogo por apresentar rompantes de agressividade, tendo machucado significativamente alguns colegas durante brigas. Além disso, o garoto achava o conteúdo das aulas 'chato' e, por conta própria, ainda no 6º ano, estudava cálculos matemáticos com os quais só teria contato no ensino médio, e também lia livros de Química, disciplina que ainda não fazia parte de seu currículo. O psicólogo solicitou uma testagem neuropsicológica e o resultado, associado à avaliação clínica, indicou que João era portador de altas habilidades.

Com o passar do tempo, o garoto foi demonstrando cada vez mais desconforto em estar dentro de classe. No 9º ano, estudava Filosofia, Química e Física avançadas por prazer. Passava os dias isolado e só fazia judô por pressão familiar. Logo passou a apresentar sintomas depressivos, com ideação suicida, e começou a faltar às aulas.

A mãe e a escola tentaram fazer adaptações, como permitir que João atuasse como monitor de Química para colegas, e o incentivaram a participar de olimpíadas de conhecimento. Apesar das tentativas, João ainda se sentia intensamente desanimado e com pensamentos de morte, muito avesso a participar das atividades curriculares normais. Nesse momento, a família começou a cogitar a possibilidade de João ser avançado para os anos finais do ensino médio – ele estava no primeiro ano.

A família, então, buscou auxílio de um advogado, e o menino foi autorizado a prestar vestibular. João foi aprovado no curso de Ciências da Computação. Embora tenha precisado se manter matriculado no ano em que cursava no colégio e cumprir com seus compromissos, poderia frequentar as aulas na faculdade. O humor do garoto melhorou drasticamente. Ele foi bem recebido pelos colegas de classe e começou a participar de atividades, inclusive em grupo, sem qualquer dificuldade. Seus resultados seguem acima da média e ele se sente bem."

1 **Como funciona a aceleração? Existe alguma dificuldade para os pais consegui-la?**

SUSANA GRACIELA PÉREZ BARRERA - A aceleração está prevista em lei desde 1996, não é algo novo. A escola pode fazer uma prova para avaliar se a criança está pronta para ir para o ano seguinte ou simplesmente pode passá-la, sem fazer teste nenhum. Se a família pede e a criança está de acordo, a escola não pode se negar, porque é um direito da criança. Porém, é fundamental analisar o perfil de cada uma e o ano escolar em que ela está.

De modo geral, sou contra a aceleração de aluno do ensino fundamental, mas é necessário verificar caso a caso. Para crianças pequenas, a aceleração pode não ser recomendada porque a diferença de uma série para outra nessa faixa etária é muito grande. Então, se essa criança pequena não estiver madura emocional e socialmente e for acelerada por ser muito boa em Língua Portuguesa ou Matemática, poderá ter problemas em outras disciplinas e de socialização. Então é necessário considerar muita coisa quando a criança está nos anos iniciais. Para o caso de crianças com mais de 14 anos, precisamos pensar diferente. Nessa fase não há tanta diferença de um ano para outro, então há uma possibilidade maior de fazer essa aceleração, desde que ela seja bem-feita e exista um acompanhamento. O problema é que, se você acelera uma criança e ela não se dá bem, não pode fazê-la voltar para a série anterior, porque o sistema educacional não permite. É necessário considerar alternativas para encontrar formas de aceleração mais sadias, porque apenas acelerar a criança, sem avaliar se tem lacunas, se está tendo um bom entrosamento com os colegas ou não, pode ser prejudicial.

2 **Qual a prevalência das altas habilidades? Alguns artigos citam entre 3,5% e 8%.**

SUSANA GRACIELA PÉREZ BARRERA - A prevalência que temos hoje constatada vai de 7,5% a 10%. Quando se fala em 3% ou em 3,5%, estão sendo consideradas apenas as inteligências linguística e lógico-matemática, que são identificadas por meio de teste de QI. Mas, quando se amplia o conceito de inteligência, a prevalência aumenta muito.

O que acontece nos testes de QI é que a criança do tipo acadêmico vai bem nas áreas linguística e lógico-matemática, tem escores altos. Agora, quando ela é produtivo-criativa, ou seja, produz conhecimento em vez de consumi-lo, ela não vai bem, mesmo que tenha altas habilidades nas áreas linguística e lógico-matemática. Isso acontece porque ela tem uma forma de pensar, um funcionamento totalmente diferente. Isso sem contar as áreas corporal-cinestésica, musical, artística, que não são avaliadas no teste de QI.

Se considerarmos essa quantidade enorme de pessoas, vamos constatar que a prevalência é mais alta.

3 Se há a desconfiança de que uma criança ou adolescente tenha altas habilidades, qual orientação deve ser dada? Que profissional ou instituição a família deve buscar?

SUSANA GRACIELA PÉREZ BARRERA - Isso dependerá muito de cada lugar. Em princípio, se houver um professor ou outro profissional capacitado e com instrumentos adequados para a avaliação, essa identificação das altas habilidades pode ser feita na própria escola. A lei diz que toda criança com altas habilidades precisa ser identificada e atendida pela escola. É a escola que tem que fazer a identificação e o atendimento, encaminhando o estudante para a sala multifuncional, que deveria ter um profissional capacitado para atender esse aluno, o que na realidade não acontece.

Identificando a criança com altas habilidades

Como a literatura sobre essa condição ainda está em desenvolvimento, não é incomum que haja desconhecimento sobre quais características esses jovens costumam apresentar nem os fatores que devem ser considerados no momento de recomendar um profissional para fazer a identificação das altas habilidades.

O primeiro ponto que precisamos abordar é a diferença entre uma criança com altas habilidades e outra com inteligência acima da média. A criança ou jovem com altas habilidades costuma apresentar uma paixão por aprender, e esse interesse não se limita à escola; no tempo livre, costumam estudar com grande profundidade os assuntos que os atraem, muitos deles com um nível de complexidade além do esperado para alguém de sua idade/série. O desempenho nas atividades escolares pode ser muito superior ao do grupo (principalmente em conteúdos que lhes interessam), embora possam haver desmotivação e desinteresse quando percebem que o conteúdo está "fácil" demais. Diferentemente da criança com inteligência acima da média, que é capaz de compreender com facilidade as ideias expressadas pelo professor, o estudante com altas habilidades costuma desenvolver reflexões mais complexas a partir da explicação recebida. De forma geral, a criança com altas habilidades apresenta três características marcantes: habilidade acima da média em qualquer inteligência, comprometimento com a tarefa e criatividade.

Embora, no imaginário popular, os estudantes com altas habilidades sejam vistos como excepcionais em todas as disciplinas, isso não acontece na prática – como já dissemos. De maneira geral, eles costumam se destacar em um determinado campo, alcançando resultados similares aos dos colegas em outros. Embora o Ministério da Educação faça a distinção de seis áreas em que o estudante poderia apresentar altas habilidades (acadêmica, artística, criativa, intelectual, psicomotora e social), o que se constata é que, muitas vezes, as altas habilidades se manifestam numa combinação de habilidades que não ficam circunscritas às áreas descritas (Pérez, 2021).

Algumas crianças são identificadas com altas habilidades ainda no início da infância, mas o mais comum é que essa condição seja notada quando começam a frequentar a escola. É muito importante considerar informações de várias fontes e fazer uma observação sistemática do comportamento e do desempenho do estudante não só nas atividades de sala de aula como também no recreio, em passeios, nos esportes e atividades de lazer (Pérez, 2021). Um dos primeiros sinais que deve ser observado é a habilidade de comunicação verbal: preste atenção se a criança usa vocabulário incompatível com a idade e se é capaz de entender conceitos complexos para sua faixa etária.

Crianças com essa condição também têm como característica marcante a curiosidade, são questionadoras, e suas perguntas costumam ser mais elaboradas do que as feitas por outras da mesma faixa etária. Seus questionamentos, muitas vezes incisivos e insistentes, podem ser encarados de maneira negativa por alguns professores, como uma espécie de afronta ou desconfiança, o que pode levá-los a classificar esses alunos como arrogantes.

O afastamento dos colegas de sala pode acontecer com frequência, a depender da área de habilidade acima da média, com dificuldade de entrosamento e falta de interesse nos assuntos comuns à idade, demonstrando eventualmente mais afinidade com crianças mais novas que elas, mais velhas ou adultos. Essa falta de conexão com o grupo pode levar ao *bullying* e a outras situações que podem colocar a criança em sofrimento.

Outros sinais a que pais e professores devem ficar atentos são particularidades do ponto de vista emocional. Sentimentos à flor da pele, como irritabilidade, falta de paciência para esperar os colegas terminarem a tarefa, desinteresse intenso pela escola com pedidos para ficar em casa e recusas em participar das atividades propostas pelo professor. Esse desinteresse normalmente está ligado à facilidade que a criança tem em realizar as atividades propostas e à sensação de que não está sendo desafiada intelectualmente, ou ao fato de que ela tem habilidades em áreas que recebem pouca atenção ou que não são atendidas pela escola, como música, artes e as relacionadas às atividades corporais-cinestésicas.

Esses sinais devem acender um alerta para professores e pais. A partir disso, o melhor é buscar um especialista em altas habilidades que poderá, então, avaliar e identificar se é de fato o caso do estudante. Desde 2005, em alguns estados brasileiros foram criados Núcleos de Atividades em Altas Habilidades/Superdotação (NAAHS), os quais, entre outras atividades, ofereceriam profissionais especializados em identificar indivíduos com altas habilidades. Infelizmente – quando se avalia o número de estudantes brasileiros que podem ter esta condição –, os NAAHS foram criados em quantidade infinitamente inferior à demanda; alguns foram desativados e outros estão inoperantes (Pérez, 2021).

Em algumas situações, a escola percebe apatia e desmotivação, e, ao encaminhar o aluno para uma avaliação psicológica, é possível que a percepção inicial seja de um quadro depressivo. Porém, ao final da avaliação, é possível que se trate de uma criança com altas habilidades, insatisfeita com o ambiente escolar, e que poderia ser submetida a tratamento para um quadro depressivo (eventualmente com o uso de antidepressivo) pela falha na leitura completa da situação. É importante ressaltar que as altas habilidades também podem ser erroneamente confundidas com hiperatividade e, em casos menos comuns, com autismo. Por isso, o processo de avaliação deve ser feito de maneira cuidadosa e por profissionais capacitados.

Na escola: acelerar ou não?

Após a identificação de altas habilidades, a família e a escola têm duas opções: "acelerar" a criança, adiantando-a para uma série mais avançada, ou mantê-la na série atual, oferecendo outras atividades que satisfaçam às necessidades dela.

Com base na nossa experiência, recomendamos que a decisão leve em consideração, em primeiro lugar, a idade da criança. No caso das que estão na faixa dos 14-15 anos, vemos a aceleração como algo positivo, pois nessa idade já existe maturidade emocional para se integrarem com os novos colegas de classe, que serão mais velhos. No caso das com menos de 14 anos, o ideal é que sejam mantidas na série atual em razão do risco de danos emocionais, já que não estão biológica e psicologicamente maduras para enfrentar os desafios de socialização e adaptação de uma aceleração. Embora tenhamos essa ressalva, destacamos que a aceleração sempre deve ser considerada se a criança estiver em sofrimento.

Outros fatores também devem ser analisados na hora de optar pela aceleração. O principal é saber se a escola possui um plano para verificar o desempenho da criança na nova série. O ideal é que haja um acompanhamento para identificar possíveis lacunas no aprendizado em áreas que a criança não apresente altas habilidades, e atividades de reforço com foco nessas disciplinas. Além do acompanhamento pedagógico, pode ser necessário o acompanhamento psicológico no caso de a criança apresentar dificuldades em questões emocionais que demandem apoio.

Quando há o entendimento de que o melhor para a criança é permanecer na série adequada para sua idade, alguns cuidados precisam ser tomados para que o engajamento e a motivação sejam recuperados e ela não entre em sofrimento.

Sabendo do interesse da criança em determinado assunto, o professor pode indicar materiais extras para aprofundamento. Além de incentivar a continuidade dos estudos, essa atitude ajuda a criar uma conexão entre aluno e professor, já que o primeiro sente que o professor incentiva o seu desenvolvimento. Outra solução que tem se provado bem-sucedida na maioria dos casos atendidos por nós é propor ao aluno com altas habilidades que se torne tutor dos colegas – inclusive mais velhos –, ajudando-os em disciplinas nas quais eles apresentam dificuldade e ele se destaca. Por exemplo, um aluno com altas habilidades em Matemática pode oferecer apoio para aqueles que apresentam dificuldade nessa matéria.

Ainda com o objetivo de desenvolver os conhecimentos na área de interesse do aluno com altas habilidades, a escola pode incentivar o aluno a participar de olimpíadas de conhecimento.

Como vimos, alunos com altas habilidades costumam ser questionadores, o que pode ser considerado inconveniente pelo restante da turma. Para evitar mal-estar entre os alunos, uma estratégia que o professor pode adotar é combinar com a criança ou o jovem com altas habilidades a quantidade de perguntas que poderá feita na sala de aula e pedir que anote as demais para conversar reservadamente depois, deixando claro que ele terá todas as suas dúvidas sanadas. Essa ação pode ser benéfica para a relação do estudante com altas habilidades com os colegas e também com o professor, já que ajuda a construir uma relação de confiança e estímulo.

Fora da escola, outras atitudes podem ser tomadas pelos pais para incentivar e proporcionar os recursos necessários para o desenvolvimento da criança ou jovem com altas habilidades, como atividades de contraturno. Ressaltamos que os pais devem acompanhar de perto os interesses das crianças, para garantir que o material a que elas estão tendo acesso não sejam contraindicados para a idade delas. Um caso que gostamos muito de citar é de uma criança que, aos 10 anos, gostava de estudar conceitos filosóficos, mas não era madura o suficiente para entender e lidar, por exemplo, com ideias mais complexas, como a finitude da vida.

Para atividades de contraturno e atendimentos pedagógicos especializados para crianças com altas habilidades, seus familiares e educadores, existem, em algumas cidades brasileiras (não em todas, como já dissemos), as unidades do Núcleo de Atividades de Altas Habilidades/Superdotação (NAAHS).

Falando sobre altas habilidades em sala de aula

A identificação de altas habilidades exige um esforço do educador para que o assunto seja absorvido com tranquilidade pelos outros alunos. Porém, em vez de falar sobre altas habilidades, o ideal é que ele foque nos diferentes tipos de aprendizado – levando em conta que em uma mesma sala de aula existem alunos com necessidades diferentes –, enfatizando que cada indivíduo aprende em uma velocidade distinta e ressaltando que não existe certo ou errado, melhor ou pior.

É importante deixar claro que o papel de todos, estudantes e educadores, é apoiar-se mutuamente, respeitar e mesmo apreciar as particularidades de cada um, evitando que as diferenças, sejam quais forem, possam se tornar razão para o preconceito, o *bullying* ou a exclusão.

CAPÍTULO 6

Bullying

Bullying é um fenômeno social caracterizado por atos intencionais e repetitivos de violência física ou psicológica provocados por uma ou mais pessoas em detrimento de outra, causando dor e angústia em uma relação desigual de poder.

No Brasil, os índices são preocupantes, acima da média internacional. Segundo o Programa Internacional de Avaliação de Estudantes (PISA, na sigla em inglês), conduzido pela Organização para Cooperação e Desenvolvimento Econômico (OCDE) em 2018, 29% dos alunos brasileiros entrevistados apontaram a ocorrência de ofensas na escola, contra 23% no restante do mundo. A prática de *bullying* também tem uma maior incidência o Brasil (19,8%) em comparação com a média em 40 países (10,7%) (CRAIG *et al*, 2009). Essas conclusões foram reforçadas por outra pesquisa, divulgada pelo Fundo das Nações Unidas para a Infância (UNICEF) em 2019, que apontou que 37% dos estudantes brasileiros ouvidos afirmaram ter sido vítimas de *cyberbullying*, modalidade de ataques que vem aumentando. O uso crescente da tecnologia para nos comunicarmos parece ter propiciado cenários que predispõem a conflitos interpessoais, seja ao possibilitar atitudes anônimas ou respostas imediatas, "sem pensar", seja ao eliminar o "filtro social", usado em conversas frente a frente ou quando há outras pessoas presentes.

Eventualmente, há situações em que é difícil diferenciar o *bullying* de um desentendimento normal entre colegas. Inicialmente, o que precisa ser observado é que, no *bullying*, os acontecimentos se repetem continuadamente (podendo se estender por anos) e ocorrem de forma intencional, configurando uma relação desigual de poder.

Já desentendimentos costumam ser eventos mais passageiros, que podem acontecer de forma imprevista (não intencional), e geralmente acarretam menos sofrimento acumulado e tendem a se resolver com maior facilidade. Além disso, em situações de desentendimento, não costuma se estabelecer um quadro evidente de desigualdade de poder. Por fim, é importante frisar que o *bullying* gera consequências mais sérias e, portanto, demanda uma postura mais precoce e coordenada entre a família e a escola.

A psicóloga Sandra Trambaiolli de Nadai, mestre em Educação Escolar pela Unesp, e a pedagoga Sanderli Aparecida Bicudo Bomfim, mestre e doutoranda em Educação Escolar pela Unesp, comentam os casos.

CASO 1

Relato de uma mãe

"Minha filha tem 12 anos e está no 7º ano do ensino fundamental. Ela frequenta o mesmo colégio desde a pré-escola e sempre gostou de lá, sendo ótima aluna. Até hoje, se mostrou socialmente habilidosa, relacionando-se bem com todos os alunos e professores. Em casa, da mesma forma, sempre foi uma criança tranquila, comunicativa e centrada.

No entanto, percebi que nos últimos meses ela tem se mostrado agitada, ansiosa e chora por qualquer coisa. As notas pioraram, parece distraída e recentemente tem estado agressiva comigo e com os irmãos. Inicialmente, achei que fosse algo natural da adolescência, mas em um dia que tivemos uma discussão mais forte, ela desabou em um choro convulsivo que me preocupou muito. Fiquei assustada e pedi que contasse o que estava acontecendo, e ela finalmente disse que desde o ano anterior um grupo de meninas da mesma série passou a maltratá-la. Não a incluíam mais nas atividades, não a convidavam para as festas e riam dela. Ela estava tentando resolver a situação sozinha, conversando com as meninas, mas a líder do grupo disse que ela era um lixo, que tinha uma doença e que ninguém poderia encostar nela, pois seria contaminado.

Minha filha contou que no dia anterior estava saindo para o intervalo e, ao passar perto desse grupo, a líder gritou com ela, dizendo que não se aproximasse, e a empurrou com força, derrubando-a. Agora ela tem relutado em ir à escola, dizendo que está doente, com dores. Tenho insistido para que vá, mas ela volta irritada e infeliz.

Fiquei horrorizada com tudo isso. Fui conversar com a orientadora da escola, mas ela disse que lá não existem problemas com *bullying*, que são "briguinhas" normais entre as adolescentes e que eu não levasse a situação tão a sério, que ela acabaria se acertando com as colegas.

Fiquei indignada e me senti desamparada. Minha filha não é de fazer caso com coisas corriqueiras. Não sei como agir, mas estou pensando em colocá-la em outra escola."

1 **Quando se constata que o *bullying* está acontecendo, como a escola deve agir? E a família, como deve proceder quando não se sente amparada pela instituição?**

SANDERLI APARECIDA BICUDO BOMFIM e SANDRA TRAMBAIOLLI DE NADAI - Escola e família são as responsáveis formais pela educação das crianças e adolescentes. À família cabe a socialização primária, que é definida pela vivência do espaço privado, com relações estáveis, ou seja, aquelas em que o papel de cada um não muda, independentemente dos acontecimentos. Já a escola é responsável pela socialização secundária, inserindo a criança/adolescente na sociedade, com vivência do espaço público e relações não estáveis. Dessa forma, essas duas instituições (família e escola) são responsáveis pela construção dos valores morais, como respeito e justiça, visto que, segundo Piaget, os valores morais se constroem nas interações do sujeito com seu meio. Portanto, diante de situações de *bullying*, a escola deve agir e a família, ser envolvida. Aos profissionais de educação cabe estabelecer uma relação de proximidade com as famílias, proporcionando maior participação, colaboração e interação. A família também tem sua importância no fortalecimento das crianças e adolescentes, para que não sejam vítimas de *bullying* e não se tornem agressores. E, assim como os professores precisam de formação, a família também precisa de espaços para que possam repensar os estilos e as práticas de educação de que fazem uso no dia a dia.

Voltando à situação narrada pela mãe, sabemos que os conflitos entre crianças e adolescentes são comuns, inclusive necessários ao desenvolvimento, e precisam ser considerados oportunidades, pois, quando recebem a intervenção adequada, favorecem as trocas de pontos de vista, a possibilidade de diálogo e a assertividade. Mas é preciso considerar que situações de *bullying* não podem ser consideradas "briguinhas" normais, pela complexidade do fenômeno e de seus envolvidos. É imprescindível que os professores sejam muito bem formados para, primeiro, saberem diferenciar conflitos comuns de situações mais graves e, em seguida, para intervir em cada situação.

Imaginemos o sentimento de angústia e desamparo dessa mãe ao procurar os profissionais da escola e não contar com seu acolhimento e parceria. Claro que, muitas vezes, os profissionais da escola não têm as respostas certas. Mas, se família e escola têm objetivos comuns, precisam estar juntas e atuar em harmonia para ajudar meninos e meninas a se desenvolverem da melhor maneira possível, em todos os aspectos.

Quanto à mudança de escola da aluna, muitas vezes isso se faz necessário como intervenção imediata e direta, para proteger o alvo que está em sofrimento. Mas isso não basta. Será preciso um trabalho para fortalecer a vítima, uma vez que poderá vir a sofrer da mesma forma em outras interações sociais, pelo fato de o problema não estar apenas na convivência, mas também em como ela se vê, em como se sente frágil. É um cuidado urgente e necessário para a vítima, pois, como está em fase de construção de identidade, esta pode ser abalada por uma imagem diminuída de si e, portanto, sentir-se merecedora dos sofrimentos impostos por seus agressores.

Precisamos trabalhar tanto com autores quanto com alvos, com esses últimos reconhecendo seus sentimentos, permitindo que os expressem num espaço seguro e ajudando-os a indignar-se com a situação, para que se fortaleçam e possam se defender. Já os autores precisam se sensibilizar com a dor do outro, uma vez que carecem de sensibilidade moral.

2 **Existe algum protocolo que sirva de referência para as escolas agirem em casos de *bullying*?**
SANDERLI APARECIDA BICUDO BOMFIM e SANDRA TRAMBAIOLLI DE NADAI - Sugerimos que a intervenção siga os protocolos do Método de Preocupação Compartilhada, desenvolvido por Anatol Pikas (1989) e que é dirigido à discussão de comportamentos agressivos em grupos de alunos ou autores de *bullying*. Mais do que procurar os culpados e puni-los, o método tem como foco a busca de resolução da intimidação a partir da reflexão e atuação de todos os envolvidos.

O primeiro passo consiste em tornar conhecida – por escrito – a situação pelos responsáveis. Depois disso, será preciso recolher informações para verificar a veracidade de tal suspeita, o que pode acontecer por meio de questionamentos a funcionários e alunos – sem expor nomes – e também pela observação dos estudantes nos locais onde podem estar ocorrendo as intimidações. Se a suspeita se confirmar, será preciso tomar providências emergenciais para a proteção da vítima.

Após essas etapas iniciais, começa o plano de intervenção, com vítima e suspeito(s). A primeira ação nessa fase é a realização de entrevistas individuais com cada suspeito e, depois, a entrevista individual com a vítima. Nas conversas seguintes, são tratadas as propostas que cada um deu para que a intimidação cesse. Depois do bom andamento das promessas dos suspeitos e da vítima, realiza-se – se for da vontade da vítima – uma reunião entre os suspeitos e ela. Por fim, pode-se acompanhar o acordo coletivo em reuniões periódicas.

Enquanto esse acompanhamento está em andamento, a escola pode se reunir com as famílias, informando-as dos fatos, das ações da escola – e de seus envolvidos – e, principalmente, orientando-as em suas ações. Os professores poderão, concomitantemente a tais ações, realizar trabalhos cooperativos e estratégias de intervenção com os espectadores. Não há como pensar numa intervenção eficaz sem envolver escola e família, que, trabalhando juntas, na mesma linha de atuação, poderão colaborar não só para acabar com a intimidação, mas para que exista realmente uma reflexão necessária diante dos valores inexistentes nessas situações. Da mesma forma, as ações devem se direcionar a todos os envolvidos, não só a punição do autor, para que todos se vejam implicados na resolução dessa situação específica e possam ter a chance de construir os valores que lhes faltam.

CASO 2

Relato de uma professora

"Sou professora há muitos anos, mas nos últimos cinco começo o ano já buscando nas turmas quem serão os 'vulneráveis', aqueles que estarão sujeitos a sofrer algum tipo de violência de outros alunos.

No ano passado, teve um caso que me chamou muito a atenção. Era um menino do 4º ano, tinha 10 anos, que veio de outra escola. Ele tinha uma aparência diferente, sua cabeça era desproporcional ao corpo, depois eu soube que tinha hidrocefalia. Os alunos (meninos e meninas) o isolaram totalmente. Não havia gozação, não havia violência, mas uma indiferença absoluta em todas as situações: nas atividades durante as aulas, no intervalo, nas aulas de esporte. Não era convidado para as festinhas de aniversário. Ele era bastante quieto, embora respondesse quando solicitado e fizesse as atividades escolares a contento. Esse menino foi deixado totalmente sozinho. Perguntei-me várias vezes: isso é *bullying*? Não há nenhum tipo de violência física ou verbal, será que essa situação pode ser considerada *bullying*?

Tentei encontrar várias formas de integrá-lo ao grupo, mas não consegui. Procuro estar por perto, apoiá-lo, conversar com ele. Mas não sei como ajudá-lo, ele continua parecendo profundamente infeliz na escola. Hoje me parece mais fácil lidar com uma situação de violência mais explícita do que com uma situação como esta, de absoluta indiferença."

1. Os casos de isolamento e exclusão são considerados *bullying*? De que modo o professor e a escola podem se preparar para lidar melhor com essa prática?

SANDERLI APARECIDA BICUDO BOMFIM e SANDRA TRAMBAIOLLI DE NADAI - Nem só de agressão o *bullying* é feito, há muito sofrimento e dor que advêm de violências verbais, humilhações e exclusão. Nesses casos, o autor tem intenção de ferir; não pertencer a um grupo e a indiferença são situações que trazem muito sofrimento.

No relato da professora, ela destaca sua dor em ver o sofrimento da vítima. O fato é que essa forma tão cruel de violência muitas vezes provoca sentimento de impotência nos profissionais da escola também. Diante desse fato, urge o trabalho com a convivência na escola e que a ela seja agregada uma qualidade: a ética, porque, mais do que conviver, precisamos estabelecer relações de qualidade em que a ética esteja presente e seja um valor para a comunidade educativa. Só assim podemos criar, dentro da escola, espaços para pensar as regras (assembleias, avaliação do dia); espaços onde os sentimentos sejam reconhecidos e validados para discussão de dilemas que coloquem em jogo valores essenciais, de forma a resolver os conflitos de maneira assertiva e com quem é de direito, sem exposições e humilhações. Enfim, um ambiente democrático que possibilite olhar e dar voz a todos – professores, gestores, alunos, funcionários e famílias.

Se o *bullying* interfere na convivência, é certo que a escola não poderá voltar suas atenções apenas para a aprendizagem de conteúdos pedagógicos, mas também para que a convivência seja considerada um valor por todos no ambiente escolar (Zaitegi *et al.*, 2010). No Brasil, a preocupação com a convivência de maneira formal resultou na promulgação, em 6 de novembro de 2015, da Lei n.º 13.185, a chamada "Lei *antibullying*". Nela afirma-se que é dever da escola assegurar medidas para prevenção, diagnóstico, conscientização e combate à intimidação sistêmica. Também elenca ações que vão desde a capacitação dos docentes à orientação às famílias.[2]

---

[2] Leia a lei na íntegra aqui: http://www.planalto.gov.br/ccivil_03/_ato2015-2018/2015/lei/l13185.htm. Acesso em: 14 abr. 2023.

É necessário, porém, ressaltar um dos pontos que devem fazer parte dessa formação: as práticas de protagonismo juvenil. Em diversos países, várias pesquisas já comprovaram que um dos caminhos que têm se mostrado eficazes quanto ao *bullying*, principalmente por sua característica de ocorrer longe das autoridades e na presença de espectadores, sendo eles seus pares, são as ações de protagonismo juvenil, que integram os Sistemas de Apoio entre Iguais (SAIs). Aqui no Brasil, especificamente, tem-se implantado em escolas particulares e públicas um dos tipos de SAIs, as chamadas Equipes de Ajuda (Avilés Martínez *et al.*, 2008), formadas por alunos escolhidos por seus colegas a fim de atuarem favoravelmente à convivência.

CASO 3

Relato de uma orientadora educacional

"Estamos enfrentando uma situação bastante difícil na nossa escola, que é muito tradicional e tem muitos alunos. Atualmente, os estudantes têm grupos de comunicação via celular, os professores e os pais igualmente. É como se vivêssemos em duas realidades: a que acontece dentro da escola e a paralela, que corre solta nos grupos, onde as conversas avançam e tomam rumos inesperados.

Acabamos sabendo de um aluno e sua família, que foram execrados nos grupos, pois descobriram que os pais se separaram e o pai tinha agora um namorado. O garoto passou a ser hostilizado por outros alunos e algumas famílias proibiram seus filhos de se relacionarem com ele. Havia troca de mensagens ofensivas, e o menino, que até pouco tempo tinha um bom grupo de amigos e se relacionava muito bem com os demais, passou a ser alvo de piadas, gozações e chacotas. Ficamos sabendo da situação após vários meses, quando a família resolveu tirá-lo da escola e o dano já estava feito.

Temos uma enorme sensação de impotência e não sabemos como agir, pois o *bullying* ocorre fora dos nossos olhos. Não consigo ver uma forma de lidar com isso."

1 **Como lidar com o *cyberbullying*, considerando-se que controlar o espaço virtual é praticamente impossível?**

SANDERLI APARECIDA BICUDO BOMFIM e SANDRA TRAMBAIOLLI DE NADAI - O *cyberbullying* é caracterizado por agressões, insultos, difamações e maus-tratos intencionais contra um indivíduo ou mais, por meio de recursos tecnológicos (TOGNETTA; BOZZA, 2012). Ele tem as mesmas características do *bullying*. E, pelo fato de ocorrer num ambiente sem contato direto e físico, os autores sentem-se desinibidos para humilhar, expor e difamar a imagem de outrem.

O *cyberbullying* é ainda mais difícil de ser detectado pela escola, pelo fato de as redes sociais, espaço onde ele ocorre, serem usadas na maioria das vezes fora do horário e ambiente escolares. Por isso é tão importante contar com o apoio dos pares, dos colegas, para denunciarem e agirem para coibir ações desse tipo. Porém, por ocorrer no ciberespaço, esse tipo de *bullying* ganha uma proporção dimensionada. Em primeiro lugar, pelo fato de uma única postagem poder ser vista por milhares de pessoas numa velocidade bastante rápida. E, em segundo, porque o *cyberbullying* fornece a coragem necessária para condutas que na vida real seriam controladas pelo medo dos castigos ou das leis sociais, o que, possivelmente, não levaria ao *bullying* (AVILÉS, 2008).

Pensemos por um instante: se as redes fossem vigiadas e presumissem punições, aqueles que hostilizam o fariam do mesmo jeito? Certamente não. Da mesma forma que, se houvesse vigias em todos os cantos da escola, também não haveria situações de intimidação. Isso nos dá a certeza de que o problema não é a ação em si (embora também o seja), mas, sim, o que motiva essas ações: a questão moral ou a falta dela. A falta de empatia, de compaixão, de respeito, de tolerância, de compreensão, de senso de justiça, enfim, falta de sensibilidade. Por isso, a escola precisa pensar não só em como agir depois de casos diagnosticados, mas também de forma preventiva, na colaboração do desenvolvimento moral, formando valores em nossos meninos e meninas, para que eles não ajam dessa forma, bem como orientando os espectadores para que saibam o que fazer para denunciar e proteger aquele que sofre, e, ainda, ajudando a vítima a enxergar o seu valor.

2 **Como a escola pode orientar o aluno vítima de *cyberbullying*?**
SANDERLI APARECIDA BICUDO BOMFIM e SANDRA TRAMBAIOLLI DE NADAI - Se a agressão for pública (grupo de WhatsApp, Facebook ou Instagram, entre outras redes), o ideal é não entrar em confronto (ou revidar) com o agressor, nem tampouco com os espectadores, que podem se posicionar favoravelmente à agressão virtual. Se possível, o alvo deve printar a publicação agressiva e depois denunciar aos servidores das redes sociais. Além disso, sugerimos que o alvo saia da rede social em que foi agredido, para não aumentar o sofrimento ao ver os comentários que são publicados sobre ele. Se, no entanto, ele sentir necessidade de se defender ou expressar como se sentiu após a agressão, é indicado que escreva apenas uma postagem, apresentando quem ele é, seus sentimentos, seu ponto de vista, etc., de forma breve e direta.

Características do *bullying*

O *bullying* pode ocorrer de diversas formas que podem se sobrepor, dentre as quais destacamos:

- **Física:** rasteiras, empurrões, puxões de cabelo, beliscões e socos.
- **Verbal:** xingamentos, ameaças, provocações e apelidos pejorativos.
- **Relacional:** isolamento e exclusão do colega, difamações e calúnias.
- ***Cyberbullying*:** pode apresentar as mesmas características do verbal e do relacional, mas acontece em ambiente *on-line* (redes sociais, grupos de mensagens instantâneas, etc.).

Em estudos que avaliam as formas de *bullying*, os meninos costumam estar mais envolvidos em casos físicos, enquanto as meninas costumam estar mais associadas com casos de *bullying* verbal e social, este último notoriamente mais difícil de ser percebido.

Características ou questões relacionadas ao corpo (particularmente o peso e deficiência física), raça, problemas de linguagem, orientação sexual e identidade de gênero costumam ser os fatores mais comuns pelos quais uma pessoa passa a ser considerada alvo de hostilidades. Porém, dificuldade de interação com os colegas (devido à timidez excessiva, por exemplo), isolamento e postura mais submissa também são fatores de risco.

Por sua vez, quando pensamos sobre os comportamentos dos agressores, aspectos ambientais são muito relevantes. Frequentemente essas crianças ou jovens estão convivendo em ambientes tensos, onde as relações hierárquicas ocorrem de maneira muito punitiva e sem diálogo. Por consequência, esse modelo pode passar a ser reproduzido na escola, em determinadas circunstâncias. Outro cenário que favorece o *bullying* acontece quando determinada criança não se destaca (em termos de desempenho, socialmente ou de qualquer outra forma) e passa a adotar tais comportamentos como um caminho para a autoafirmação e o reconhecimento perante a turma e os amigos. Também é relevante o contexto em que as testemunhas de situações de *bullying* passam a agredir colegas para se protegerem e para não serem identificadas como vítimas potenciais, o que faz com que o *bullying* "se dissemine".

Somando-se a questões ambientais, aspectos biológicos, como a dificuldade de controle de impulsos e o baixo limiar para frustração, podem predispor a criança ou o adolescente a se envolver em conflitos, e, à medida que se sentem bem-sucedidos ao saírem "vitoriosos" das situações, podem vir a selecionar esse tipo de comportamento, passando a repeti-lo. Por fim, existe a possibilidade de a pessoa que comete esses atos poder apresentar o que chamamos de "transtorno de conduta", um transtorno mental que apresenta como uma de suas características a redução da capacidade empática. Nesses casos, a dificuldade de se colocar no lugar do outro e "sentir o que o outro sente" faz com que essas pessoas possam furtar, depredar, machucar ou difamar, por não conseguirem entrar em contato com o sofrimento do outro, fator que é central para nosso julgamento moral.

Ainda no que se refere ao ambiente, o próprio educador pode estabelecer um cenário propenso ao *bullying*. Isso acontece quando ele, ao apontar publicamente as características de um aluno por meio de comentários que considera inocentes ou "divertidos" – seja sobre sua aparência física ou questões relacionadas à aprendizagem –, estabelece desavisadamente um modelo de comunicação negativa e passa a se apresentar como figura conivente (e até reforçadora) de tais atitudes.

Por mais que tenhamos abordado até agora uma série de fatores de risco individuais e familiares associados a situações de *bullying*, o ideal é observá-lo primariamente como um fenômeno social. Um dos grandes benefícios desse tipo de perspectiva é que, ao não relacionar diretamente o *bullying* com algum transtorno ou falha no cuidado parental – que provavelmente será um estigmatizador e ocasionará maior cisão coletiva –, pais e cuidadores tendem a se posicionar de forma menos defensiva, gerando um clima de cooperação para a detecção do problema e para a busca por soluções.

Identificando o *bullying*

O *bullying* geralmente ocorre longe dos olhos de pais e professores. Como, então, os adultos podem perceber que esse tipo de situação está acontecendo?

Sinais relacionados a altos níveis de estresse e aversão à escola ou à vida social podem ser sugestivos de *bullying*. Para sermos mais específicos, indivíduos que vêm enfrentando essa situação costumam apresentar mudanças no padrão do sono e/ou da alimentação; alterações de humor, caracterizadas por irritabilidade, agressividade ou choro fácil, quando isso não costumava acontecer; queda no rendimento escolar por diversos motivos, como falta de concentração, desmotivação, estresse e medo; evitação escolar com o surgimento de desculpas para não ir à escola (alegando dores de cabeça, dores de barriga, etc.); afastamento dos colegas e, eventualmente, dos demais amigos, dando preferência pela companhia de adultos; e em casos de *bullying* físico, a criança pode apresentar marcas pelo corpo e outros sinais de estar sofrendo algum tipo de violência, como rasgos nas roupas ou desaparecimento de materiais escolares.

A dificuldade em identificar a ocorrência do *bullying* se dá pelo fato de, na maioria das vezes, as vítimas não comunicarem o que estão enfrentando para os adultos, seja por vergonha, por temerem retaliações ou que a situação piore, não quererem preocupar os pais ou acreditarem que ninguém se importaria com o seu sofrimento. Em alguns casos, a criança ou jovem se sente culpada, como se tivesse dado motivos para a situação ocorrer e, até mesmo, pode passar a acreditar que os xingamentos que recebe têm fundamento.

Algo que não é incomum é que crianças ou adolescentes que vêm sofrendo ataques acabem se tornando perpetradores, praticando atos de agressividade contra crianças mais frágeis, na própria escola ou em outros ambientes, como uma forma de "revanche".

Além de prejudicar o clima escolar, o *bullying* pode acarretar outros problemas sérios. Para quem é vítima, as áreas mais impactadas a curto prazo são a social e a do aprendizado. Ensino e aprendizagem são processos sociais, e o isolamento promovido pelo *bullying* interfere drasticamente em atividades coletivas e interativas. Além disso, como já foi citado, a criança que é alvo de *bullying* fica submetida a níveis de estresse muito altos, que impactam diretamente em habilidades cognitivas como a atenção e a memória, causando uma redução da capacidade de aprender e, consequentemente, uma desconexão gradual do sistema escolar. Por isso, em casos mais graves, o *bullying* pode levar à evasão escolar. Segundo pesquisa do Unicef (2019), 36% dos adolescentes brasileiros afirmaram ter faltado às aulas após sofrer ataques *on-line*, *cyberbullying*, dos colegas.

No médio e longo prazo, o *bullying* tem um impacto relevante na autoimagem e autovalorização dessas crianças e jovens, que podem vir a se tornar adultos inseguros, com maiores probabilidades de desenvolverem transtornos mentais, como depressão e ansiedade, e de apresentarem comportamentos de risco, como abuso de substâncias e autolesão. Um estudo recente (KOYANAGI *et al.*, 2019), que incluiu 134.229 jovens entre 12 e 15 anos de 48 países, concluiu que adolescentes que sofreram *bullying* têm probabilidade aproximadamente três vezes maior de relatar uma tentativa de suicídio do que os outros colegas, e que, quanto maior o período de sofrimento, maiores as chances de eles relatarem uma tentativa.

Cabe destacar que o agressor precisa receber atenção e ser ouvido. A fala do perpetrador do *bullying* pode surpreender, revelando situações em que ele também é vítima de violência doméstica em outros contextos ou fragilidades psicológicas que exijam cuidado. Se nenhuma abordagem for realizada com quem comete *bullying*, no sentido de remediar tais comportamentos, esse tipo de postura pode ser generalizado para outros ambientes, perpetuando-se até a idade adulta. Como é de se imaginar, estudos demonstram que essas pessoas têm maiores probabilidades de enfrentar problemas em futuros relacionamentos e na vida profissional, entre outros tipos de prejuízo.

E a partir de que idade a prática do *bullying* é mais provável? Não existe um consenso acerca de uma faixa etária específica para que esse tipo de comportamento se inicie, mas podemos considerar que as chances de uma criança na primeira infância ser capaz de se comportar de forma sistemática que configure uma situação de *bullying* são menores. As questões sociais, como a opinião dos colegas e o reconhecimento por parte deles – fatores importantes para a ocorrência de *bullying* –, também só começam a ganhar mais força com crianças um pouco mais velhas, com evidências de que o pico de maior ocorrência de comportamento agressor se dá entre 11 e 12 anos (DA SILVA, 2016) – um estudo nacional aponta esse pico na faixa etária entre os 13 e os 15 anos (MELLO *et al.*, 2018). Felizmente, essa realidade tende a arrefecer com o transcorrer da adolescência por uma série de motivos, como o amadurecimento de habilidades sociais e da autorregulação emocional – que otimizam a capacidade de resolução de conflitos –, e a crescente não aceitação de comportamentos agressivos por parte do grupo social, com o passar do tempo.

Ações para o combate ao *bullying*

Para serem eficazes, as ações de combate ao *bullying* precisam ser, acima de tudo, precoces. Tal afirmação fica evidente ao pensarmos que fazer uma reunião, com um aluno ou uma família, sobre uma situação com desdobramentos menores – mas que possam gerar culpa ou vergonha – possibilitará, invariavelmente, que as pessoas se envolvam de uma forma menos defensiva e mais cooperativa.

Como atividades coletivas, recomendamos:

- Programas de treinamento de habilidades socioemocionais com embasamento científico, em que os participantes sejam estimulados a desenvolver aspectos promotores de saúde mental (como autorregulação emocional, capacidade empática, gratidão, técnicas de resolução de problemas e habilidades sociais) que levem à melhoria do clima escolar e reduzam as possibilidades de o *bullying* surgir.
- Campanhas escolares que questionem a crença de que a agressividade é uma atitude aceitável para alcançar determinados objetivos e para se comunicar. Tais campanhas podem ser eficazes pelo simples fato de estabelecerem parâmetros do que não é aceitável para alunos que convivem em ambientes violentos, porém elas podem ir mais longe, incentivando o diálogo ao disseminar técnicas de comunicação não violenta.
- Rodas de conversa envolvendo todos os atores da escola (alunos, professores e funcionários) em discussões sobre valores como amizade, respeito ao próximo e segurança.

Embora as ações devam ter início o quanto antes, é importante que elas não sejam precipitadas. Quando isso acontece, corre-se o risco de desentendimentos comuns assumirem contornos drásticos, com consequências muito negativas para o ambiente escolar, como a segregação das partes envolvidas, sensação de injustiça pela parte acusada e insegurança na condução de questões disciplinares pela escola. Portanto, nossa recomendação é que, caso não se tenha certeza que uma criança ou jovem esteja sendo vítima dessa prática, a escola passe a acompanhar o aluno em questão de forma mais atenta para que se desenvolva um senso de convicção, fundamental para que as medidas a serem adotadas sejam seguras e assertivas.

Além disso, é comum que vítimas de *bullying* não busquem nenhum adulto para contar o que está acontecendo. Sempre que um professor desconfiar da prática, indicamos o que chamamos de "pergunta ativa" ou "questionamento direto": coloque-se à disposição da criança isolada do grupo, desmotivada e/ou entristecida, para conversar, perguntar se está acontecendo algo e oferecer ajuda.

Outro ponto relevante ao lidar com uma situação de *bullying* é não induzir professores e alunos a compreenderem os acontecimentos em torno de quem é "bom" e quem é "mau". Deve-se realizar um esforço conjunto (entre gestores, professores, responsáveis e, quando for adequado, alunos) no intuito de se identificar quais são os fatores que desencadearam e quais os que vêm mantendo esse tipo de ocorrência. É importante reconhecer que, na maior parte das vezes, ambas as partes precisam de algum tipo de atenção, pois tanto quem sofre quanto quem pratica o *bullying* apresentam riscos que podem se materializar em grandes prejuízos e sofrimento, mais cedo ou mais tarde.

Em relação ao indivíduo que sofre o *bullying*, algumas ações recomendadas para prevenção de novos eventos são:

- Evitar o rótulo. Referir-se constantemente à criança ou jovem como vítima ("coitadinho") ou cercá-la de cuidados desnecessários pode estimular um posicionamento fragilizado que predispõe a novos eventos.
- Identificar aspectos positivos e propiciar situações em que a criança ou jovem possa demonstrar suas aptidões no sentido de reconectá-lo com o seu próprio valor.
- Procurar auxiliar a criança a criar conexão com outras que tenham interesses semelhantes aos dela ou que tenham um perfil mais acolhedor e empático. Na sala de aula, por exemplo, na hora de dividir grupos de trabalho, procure

colocar essa criança em um grupo de colegas mais receptivos, até que ela se sinta mais segura.
- Traçar um plano com professores e funcionários para a restauração do senso de segurança no ambiente escolar e para a recuperação da autoestima da criança, com reconhecimento de qualidades e reforço de atitudes positivas.
- Sugerir à família e à criança experimentarem a vivência em grupos que primem pela integração de seus membros (por exemplo, grupos de escoteiros), que ofereçam atividades que sejam interessantes para ela ou em que ela já tenha alguma destreza (rodas de contação de histórias, projetos de pintura solidária), ou que se caracterizem pelo acolhimento e a não competição (diversas atividades culturais têm esse perfil, como coral, teatro). Tal sugestão não tem o intuito de substituir as vivências com os colegas da escola, mas de incentivar o desenvolvimento de novas aptidões, o treinamento de competências sociais através de novas experiências coletivas e o estabelecimento de uma rede de amizades mais ampla; ações que, em conjunto, tendem a aumentar sua segurança ao interagir em outros contextos (inclusive na escola) e elevar sua autoestima como um todo.

Em relação ao agressor:

- Não rotular ou marginalizar o estudante agressor. É necessário lembrar que é uma criança ou adolescente que está em formação e desenvolvimento, e a situação pode ser uma oportunidade importante para sua aprendizagem e crescimento, assim como de outros estudantes.
- Não expor o agressor desnecessariamente. A exposição "exagerada" pode reforçar seu comportamento, já que outros estudantes podem vê-lo como um caminho para aumentar sua popularidade e poder.

- Conversar com o agressor. A pessoa responsável na escola precisa ter uma conversa franca com ele, deixando clara a gravidade da situação e a posição da escola de não aceitação da prática de *bullying*. Mas é importante abrir um espaço de escuta, questionando como ele se sente e o que o levou a praticar o ato, validando seus sentimentos, mas não a ação. Essa conversa pode eventualmente revelar situações de violência e sofrimento do agressor, que precisarão de encaminhamento. É necessário falar sobre o sofrimento da vítima, trazendo as consequências futuras que sua ação pode gerar, assim como as sanções que serão aplicadas ou a que o estudante estará sujeito. Ele também deve ser comunicado de que sua família será chamada para tomar conhecimento do fato e das decisões da escola.
- Planejar ações reparadoras. É fundamental que, entre as punições, inclua-se algum tipo de ação reparadora, e que o estudante agressor participe da reflexão sobre essas ações, que podem estar relacionadas à própria vítima ou não: como um pedido de desculpas em particular ou em público; escrever uma mensagem para ela; ajudá-la com eventuais prejuízos que tenha tido com os estudos (desde que a vítima concorde, pois ela pode preferir não ter essas interações com o agressor); compartilhar com a turma, em uma roda de conversa, sua experiência e as consequências que teve de enfrentar; ou atividades voltadas para outros âmbitos da escola, como participar ativamente de campanhas contra o *bullying*.
- Envolver a família. A família precisará ser convidada para uma conversa, que poderá acontecer com a presença do estudante agressor. É mais fácil quando a escola mantém um bom canal de comunicação com a família, inclusive deixando previamente claras as regras em relação ao *bullying*. O estudante pode ser convidado a, inicialmente, contar sua versão, que poderá ser complementada pela

escola, que também deve explicar sobre as eventuais sanções. Procurar manter uma postura aberta e não culpabilizar a família, enfatizando que o objetivo maior é que a criança ou adolescente possa aprender com o acontecimento. Também é importante informar sobre consequências e sanções se o fato se repetir.
- Caso a escola perceba que o problema persiste, haja relatos da família de comportamentos agressivos do estudante em outros contextos ou emerjam situações em que ficam evidentes questões emocionais mais profundas, é recomendável aconselhar a família a buscar a ajuda de um psicólogo.

Por fim, gostaríamos de enfatizar que grande parte das medidas de combate ao *bullying* não tende a surtir efeito se não considerarmos a importância da relação entre as famílias e a escola. Em nossa experiência, o vínculo positivo, de parceria e transparência, entre pais e educadores é um fator significativo para o estabelecimento de um bom clima escolar (que é protetor para que o *bullying* não aconteça), mas que é ainda mais relevante quando consideramos situações de *bullying* que estejam em curso. Famílias e escola unidas otimizam todas as etapas do processo de resolução desse problema, desde a identificação precoce até as condutas de manejo.

Pensando em auxiliar nesse sentido, reservamos duas últimas estratégias que consideramos muito interessantes. Pais que são requisitados pela escola apenas quando seus filhos apresentam algum tipo de problema (notas baixas, tarefas incompletas, indisciplina) tendem a reagir de forma mais defensiva, reativa, desconfiada, partindo do princípio de que eles (os pais) estão sendo julgados por não estarem cumprindo seu papel a contento. Por isso, iniciar conversas difíceis sobre uma situação de *bullying* desfazendo tais fantasias pode criar um cenário mais ameno e mais propenso a gerar bons resultados. Comentários que denotem o quanto é difícil para qualquer cuidador ter controle sobre todos os comportamentos do filho ou que o papel da escola nesse tipo de situação não é o de julgamento – e, sim, o de reforçar um vínculo de parceria que é imprescindível em busca de soluções para o problema de todos (inclusive da escola) –, costumam ajudar bastante. Além disso, a) estabelecer contatos com a família tanto para comunicar fatos positivos quanto negativos; b) enviar mensagens relacionadas a datas comemorativas como o Dia da Família (mensagens nominais, por exemplo, tem maior impacto positivo); e c) aproveitar encontros casuais para falar sobre amenidades ou assuntos que promovam contatos verdadeiros e agradáveis tendem a ser um caminho para que bons vínculos se estabeleçam.

A dificuldade em identificar a ocorrência do *bullying* se dá pelo fato de, na maioria das vezes, as vítimas não comunicarem o que estão enfrentando para os adultos, seja por vergonha, por temerem retaliações ou que a situação piore, não quererem preocupar os pais ou acreditarem que ninguém se importaria com o seu sofrimento.

Foto: Pexels/xuan thống tràn

CAPÍTULO 7

Abuso de substâncias[3]

A adolescência é o período de maior risco para o consumo e, eventualmente, abuso de álcool e drogas em geral. É nessa fase que os jovens experimentam novas situações acadêmicas e sociais, como a transição do ensino fundamental para o ensino médio e a convivência com um grupo maior e mais heterogêneo de amigos, além de estarem mais suscetíveis ao contato com as drogas pela primeira vez (NIDA, 2003) por ainda não terem os centros cerebrais de controle de impulsos completamente desenvolvidos.

A questão preocupa educadores e pais de adolescentes não só por estes estarem mais propensos à experimentação, mas também porque os efeitos do uso de drogas nessa etapa da vida são muito mais danosos se comparados aos causados em adultos.

O consumo abusivo de álcool e outras drogas entre os adolescentes é um problema no mundo todo. No Brasil, estudos têm demonstrado que o início do consumo de álcool, tabaco e outras drogas ocorre entre os 12 e 14 anos de idade (PeNSE, 2019). Segundo a Pesquisa Nacional de Saúde do Escolar (PeNSE), divulgada em 2019, 13% dos adolescentes com idade entre 13 e 17 anos já experimentaram pelo menos uma substância ilícita; a maioria

---

[3] A convite dos autores, este capítulo foi escrito por Ana Paula Dias Pereira, doutora em Saúde Coletiva pelo Departamento de Medicina Preventiva da Unifesp e pesquisadora na área de Prevenção ao Uso de Drogas; e Clarice Sandi Madruga, doutora em Psiquiatria e Psicologia Médica pela Unifesp e pelo King's College de Londres, com atuação na área de Epidemiologia do Uso de Substâncias Psicoativas e Prevenção.

(63,3%) já consumiu bebidas alcoólicas, mais de um terço (33,9%) bebe regularmente e quase 25% já bebem excessivamente (cinco ou mais doses em uma ocasião).

Esses dados, inquestionavelmente, sinalizam a relevância e a oportunidade de as escolas adotarem ações efetivas de prevenção. É importante, no entanto, que se tenha claro que prevenir não significa negar, proibir ou autorizar o consumo de drogas, mas oferecer condições para o estudante adquirir capacidade de tomar decisões responsáveis e conscientes, sendo a escola um espaço privilegiado para a participação efetiva do adolescente no processo de reflexão sobre o consumo de drogas.

CASO

Relato de uma diretora escolar

"Em nossa escola temos tido muitos problemas relacionados ao uso de drogas. A maconha é uma droga bastante frequente entre nossos alunos e nossa impressão é de que o consumo de álcool vem acontecendo cada vez mais cedo. Temos ouvido relatos de responsáveis e de alguns estudantes sobre alunos do fundamental que vêm se alcoolizando de forma regular. Recentemente, percebemos também um número crescente de adolescentes utilizando cigarros eletrônicos, o que vem nos ocasionando problemas com alunos que saem de classe para fumar no banheiro.

Resolvemos buscar algum suporte, mas estamos inseguros, pois uma parte dos professores acredita que devemos buscar uma abordagem mais "firme", com palestras destacando as consequências negativas das drogas ou rodas de conversas com agentes da lei, enquanto outra parte acredita que esse tipo de estratégia tende a não funcionar ou, pior, pode levar a um efeito inverso ao esperado. Assim, ainda não tomamos uma atitude por falta de referencial do que funciona nesse tipo de situação."

1 **Em que medida podemos considerar que experimentar álcool ou alguma outra droga é algo inerente à adolescência/juventude, por ser uma fase marcada pela curiosidade e pela busca por transgressão?**

ALCIONE MARQUES - A adolescência inaugura um momento especial na vida, com grandes transformações físicas, psíquicas e comportamentais que caracterizam a transição entre a infância e a idade adulta, período em que o adolescente vai desenvolver e aprimorar suas capacidades de tomada de decisão, resolução de problemas, autonomia e consolidar sua identidade. É uma fase de "tentativa e erro", em que ele passa a experimentar fazer escolhas de modo mais independente dos adultos. Mas é também uma fase de maior curiosidade e busca pelo prazer, em que os vínculos sociais ganham enorme importância. Isso faz com que ele queira muitas vezes "testar" o que tem para além dos limites conhecidos (ou estabelecidos), assim como ser aceito pelo grupo. Nesse contexto, experimentar drogas lícitas ou ilícitas é relativamente comum.

2 **O que um professor pode fazer se perceber que um estudante está consumindo algum tipo de droga?**

ALCIONE MARQUES - Antes de tudo, para lidar de forma mais positiva com a questão do uso e abuso de drogas, toda a equipe escolar precisa ser envolvida. É necessário que educadores e demais colaboradores da escola possam discutir o que pensam e sabem a respeito e recebam informações de qualidade. Desse modo se sentirão mais seguros sobre o tema, poderão superar preconceitos e rever crenças equivocadas. E é necessário tratar não apenas de drogas ilícitas: sabe-se que o álcool é, de longe, a droga mais consumida entre os adolescentes. A escola precisa então alinhar as atitudes que deverão ser tomadas nessas situações.

É necessário que esteja explícito no Regimento Escolar (e que seja de conhecimento de todos) que é proibido consumir qualquer tipo de droga nas dependências ou nas imediações da escola. Primeiro, porque drogas ilícitas são contra a lei, e, segundo, porque o fumo e o álcool também são proibidos para menores de 18 anos, que é o caso da grande maioria dos estudantes. Parece óbvio, mas é possível que haja estudantes que não tenham entendido isso.

No caso de flagrar um aluno consumindo dentro da escola, é importante que o educador não faça escândalo, tenha atitudes agressivas ou faça sermão: o melhor é dizer com tranquilidade ao estudante que aquilo é proibido e que ele precisará comunicar à gestão. O gestor responsável deverá primeiramente chamar o aluno para conversar, buscando ouvir o que ele pensa e tem a dizer sobre a situação, mas informar que será necessário comunicar à família, dando a ele a opção de contar ou deixar que a escola conte. Quando a família for chamada, é importante que o estudante esteja junto. Acima de tudo, o foco da ação da escola deve ser educativo e não punitivo, no sentido de levar à reflexão sobre o ato e os riscos e consequências do consumo de drogas. Se houver sinais de que haja uso abusivo ou dependência, é necessário orientar a família a buscar tratamento especializado.

Se o professor perceber no comportamento do aluno sinais de uso, o melhor é que ele comunique à gestão, que observará, juntamente com os demais educadores que têm contato com o estudante, se os sinais persistem. Em caso positivo, o melhor é que o educador mais próximo do aluno ou outra pessoa preparada para essa ação chame-o para conversar, dizendo sobre sua percepção e perguntando diretamente se ele está fazendo uso de drogas. É importante se mostrar aberto ao diálogo, externando a preocupação com o bem-estar do aluno, e não assumir uma postura de julgamento ou de crítica, o que fará com que ele se feche e se afaste. No caso de confirmação do uso, da mesma maneira será preciso dizer ao aluno que a família será comunicada, seguindo as orientações da situação anterior.

3 **Algumas escolas costumam convidar ex-usuários ou mesmo policiais para fazer palestras aos alunos. Essas ações são recomendadas?**
ALCIONE MARQUES - Em primeiro lugar, de modo geral, palestras costumam ser pouco efetivas para adolescentes: eles simplesmente dão pouca atenção e não se engajam. Em segundo, estudos têm mostrado que trazer ex-usuários para falar sobre sua experiência pode levar os adolescentes a concluir que, se a pessoa superou a dependência, eles também poderão usar drogas e conseguir abandonar o uso, o que é um efeito contrário ao que se busca. No caso de policiais, pode haver rejeição dos estudantes, a depender da comunidade, ou o palestrante ter uma abordagem mais coercitiva, com o objetivo de amedrontar, o que também não gera resultados positivos. É necessário planejar um conjunto de ações contínuas e coordenadas, que inclua rodas de conversas, em que os estudantes possam falar sobre o que pensam sobre o assunto, recebam informações claras e verdadeiras sobre os efeitos, riscos e as consequências do uso e abuso das drogas.

Programas de prevenção na escola

A prevenção ao uso de drogas é um processo dinâmico determinado por ações que visam melhorar a qualidade de vida dos alunos e promover a resistência individual e social contra o uso de drogas (Unodc, 2013). Para tanto, a escola se afirma como um espaço único para a realização de programas preventivos por uma série de fatores, entre os quais, destacamos seu papel para a reflexão e formação de valores, para a construção de vínculos entre professores e alunos, para o desenvolvimento cognitivo, social e emocional dos estudantes, e o acesso a um grande número de crianças e adolescentes, permitindo tanto uma atuação antes que tenham um primeiro contato com drogas quanto um acompanhamento de mais longo prazo.

O principal objetivo de programas dessa natureza deve ser evitar ou retardar o início do uso de álcool e outras drogas, diminuir consequências negativas decorrentes do uso abusivo (Campos; Figlie, 2011), assim como promover o desenvolvimento seguro e saudável de crianças e adolescentes por meio de atividades planejadas que estimulem a criatividade, a educação emocional, o desenvolvimento de relações sociais de cooperação, de habilidades sociais e psicológicas e de estratégias para resolução de problemas.

Se implementados no início da adolescência, esses programas podem reduzir significativamente a experimentação e a frequência do uso de drogas no futuro. Evidências mostram que existem potencialmente três períodos da adolescência em que intervenções preventivas podem propiciar melhores resultados. O primeiro é antes da experimentação inicial de alguma droga; o segundo, quando a maioria dos adolescentes começa a vivenciar a exposição às drogas, e o terceiro é quando aumenta a prevalência do uso de drogas e ocorre uma mudança no padrão de consumo (McBride, 2003).

Modelos de programas de prevenção

Primeiramente, é importante compreender que atividades avulsas não podem ser consideradas programas. Na verdade, evidências demonstram que ações isoladas, que não pertencem a uma estratégia mais ampla, podem ter efeitos negativos na prevenção de drogas. Elaborar um programa de prevenção é realizar um conjunto de atividades planejadas e baseadas em construtos teóricos previamente definidos, que serão desenvolvidas para alcançar objetivos estabelecidos (Pereira; Sanchez, 2020).

Os programas podem ser universais, seletivos ou indicados, e cada um tem um público e ações específicas, conforme indicado na Fig. 1, a seguir:

FIGURA 1 - Modelos de programas de prevenção para o abuso de drogas

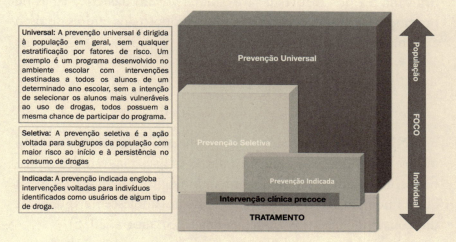

Fonte: Elaboração das autoras a partir de Foxcroft (2014).

Para o desenvolvimento de programas efetivos, que apresentem resultados positivos, é fundamental que sejam implementadas estratégias de intervenção contínuas, previamente planejadas de acordo com um modelo lógico, e que se definam seu currículo e intervenções a partir de pressupostos teóricos consistentes. O modelo lógico delimita todas as etapas de implementação, que são:

- Recursos disponíveis (humanos, físicos, financeiros e institucionais).
- Público-alvo e metas a serem atingidas.

- Atividades (currículo, intervenções, ferramentas, eventos, tecnologias).
- Metodologia e formato de aplicação.
- Plano de avaliação dos impactos (diretos e indiretos; de curto, médio e longo prazos; individuais e sociais/coletivos).

Em relação aos modelos teóricos, podemos afirmar que são três as principais escolas: a Teoria dos Fatores de Risco, a Teoria do Desenvolvimento e a Teoria da Influência Social. A mais comumente utilizada é a dos Fatores de Risco, que advém das estratégias de promoção de saúde, em que o foco é a redução dos fatores de risco e a ampliação dos fatores de proteção.

Estratégias baseadas no modelo da Teoria dos Fatores de Risco

Não existe um padrão que determine quem vai se tornar consumidor ou dependente de álcool e outras drogas, mas estudos científicos apresentam os fatores de ordem biológica, psicológica e social que aumentam ou reduzem a chance de um adolescente apresentar um consumo abusivo e/ou dependência (SLOBODA, 2015).

No entanto, o estudante não iniciará o consumo de drogas motivado por um único fator, mas sim por uma combinação de fatores e pelas mais diversas interações sociais. Alguns fatores de risco para o uso e abuso de substâncias bem descritos na literatura são:

- Pais que abusam de substâncias ou sofrem de problemas de saúde mental.
- Falta de regras claras de conduta e alta permissividade no ambiente familiar.
- Baixo rendimento escolar.
- Violência doméstica (não só referente à violência contra a criança, mas também o testemunho de violência entre os pais ou cuidadores).

Fortalecer os fatores de proteção pode reduzir significativamente a influência dos fatores de risco. Dessa forma, programas de prevenção devem buscar balancear os fatores de risco e a proteção, de modo que os fatores de proteção inibam os fatores de risco (SLOBODA, 2015), em três domínios: individual, social e familiar, como descritos nos Quadros 1, 2 e 3.

QUADRO 1 - Domínio individual

+ FATORES DE PROTEÇÃO	− FATORES DE RISCO
Habilidades para resolver problemas.	Predisposição genética.
Estabilidade emocional.	Sintomas depressivos.
Evitar situações de perigo.	Transtorno de conduta.
Boa autoestima.	Falta de autocontrole.
Religiosidade.	Baixa autoestima.
	Atitudes positivas em relação ao uso de drogas.
	Uso precoce de drogas.

Fonte: Elaboração das autoras.

QUADRO 2 - Domínio social

+ FATORES DE PROTEÇÃO	− FATORES DE RISCO
Realizações acadêmicas.	Rejeição dos colegas.
Envolvimento em atividades comunitárias e sociais.	Privação econômica e social.
Limitação nas possibilidades de acesso a drogas.	Disponibilidade de drogas.

+ FATORES DE PROTEÇÃO	− FATORES DE RISCO
Fortes vínculos escolares.	Baixo vínculo comunitário.
Fortes vínculos com colegas.	Normas comunitárias favoráveis ao consumo de drogas.
	Baixo envolvimento escolar.

Fonte: Elaboração das autoras.

QUADRO 3 - Domínio familiar

+ FATORES DE PROTEÇÃO	− FATORES DE RISCO
Bom relacionamento familiar (envolvimento afetivo).	Histórico familiar de consumo de drogas ou transtornos mentais.
Pais presentes e participativos.	Conflitos familiares.
Bons modelos parentais.	Relações familiares frágeis (falta de envolvimento afetivo).
Regras claras de conduta reforçadas pela atitude da família.	Ambiente familiar disfuncional.
Regras parentais claras relacionadas ao uso de drogas.	

Fonte: Elaboração das autoras.

Estratégias baseadas no modelo da Teoria do Desenvolvimento

Essa abordagem enfatiza as dinâmicas da interação do indivíduo com sua família ao longo do tempo, sendo particularmente importante para o embasamento de ações direcionadas à primeira infância e em ambientes como o escolar. A Teoria do Desenvolvimento compartilha com algumas abordagens da Teoria dos Fatores de Risco uma preocupação com adversidades no início da vida, apontando-as como fatores predisponentes. No entanto, difere destas em sua forte concentração nas características do ambiente familiar e escolar que reforçam diretamente padrões indesejáveis de afeto, crença ou comportamento. Por outro lado, focaliza a influência ambiental para o desenvolvimento de motivação positiva, potencial educacional e comportamento pró-social. Além disso, articula de forma mais elaborada o impacto de um conjunto de fatores quando comparada à abordagem de Fatores de Risco; no entanto, seu objetivo é mais difuso e, em vez de buscar identificar e focar em indivíduos de "alto risco" como objeto de intervenção preventiva, tende a agrupar populações levando em consideração aspectos relacionados ao seu estilo de vida ou comportamento e a ter suas metas atingidas mais a longo prazo.

Estratégias baseadas no modelo da Teoria da Influência Social

A terceira grande escola de pensamento sobre prevenção é, na verdade, um conjunto de modelos teóricos relacionados aos estudos sobre influência social. É atualmente o paradigma mais utilizado para a prevenção do uso de substâncias em populações específicas, como a escolar. Ela reconhece a relevante influência dos pares no desenvolvimento da personalidade do adolescente, impactando diversos comportamentos de risco, especialmente no início e na progressão do uso de drogas. Em um programa de prevenção baseado nessa teoria coexistem três pilares: conhecimento científico, competência social e influência social.

O conhecimento científico oferece informações comprovadas sobre as drogas para que os alunos possam tomar decisões racionais e fundamentadas no conhecimento. As intervenções focadas no conhecimento são baseadas na suposição de que as informações científicas sobre o consumo das drogas lícitas e ilícitas devem influenciar os alunos e levar a uma mudança nas atitudes em relação às drogas (de positivo para negativo) e, consequentemente, influenciar o comportamento (FAGGIANO *et al.*, 2014).

Já o pilar da competência social baseia-se no pressuposto de que os alunos com baixo repertório de habilidades pessoais e sociais são mais suscetíveis às influências que promovem o uso e abuso de drogas. Nesse modelo, há um foco em:

- Resolução de problemas e habilidades de tomada de decisão.
- Habilidades cognitivas para resistir a influências interpessoais ou da mídia.
- Habilidades para aumentar o autocontrole e a autoestima.
- Estratégias de enfrentamento adaptativas para aliviar o estresse e a ansiedade através do uso de habilidades de enfrentamento ou técnicas de relaxamento comportamentais.
- Habilidades sociais e comunicação assertiva (Faggiano *et al.*, 2014).

O pilar da influência social tem sido largamente utilizado em uma série de programas de prevenção comprovadamente eficazes e envolve a educação normativa, cada vez mais estudada nessa abordagem.

Programas que têm como base esse modelo visam a reduzir a influência da sociedade em geral no início do uso de drogas por meio da educação normativa. Partem do pressuposto de que o uso de drogas é uma consequência de crenças normativas e da percepção superestimada do uso de drogas entre os pares. As crenças normativas são baseadas em informações ou interpretações equivocadas da realidade (por exemplo, acreditar que quase todos os alunos de 16 anos usam drogas) que podem influenciar um comportamento. Alunos inseridos em um ambiente social e cultural com crenças positivas sobre consumo de álcool e/ou outras drogas estão mais propensos ao uso, pois percebem esse comportamento como socialmente aceitável (Sanchez *et al.*, 2019). Nesses casos, a educação normativa tem por objetivos:

- Corrigir as superestimações sobre a prevalência do consumo de drogas entre adolescentes e adultos.
- Reconhecer as situações de alto risco.

- Desenvolver habilidades para lidar com a pressão do grupo.
- Desenvolver habilidades para lidar de forma saudável com situações difíceis ao longo da vida e para a resolução de problemas.
- Mudar as crenças normativas sobre o uso de drogas (Faggiano *et al.*, 2014).

Resumidamente, a Teoria da Influência Social engloba três componentes principais: (1) fornecer informações sobre as consequências sociais e fisiológicas negativas do uso de substâncias psicotrópicas – destacando seu impacto a curto prazo e abordando o conteúdo sem qualquer tipo de juízo moral ou, muito menos, dramatizador, superestimando efeitos negativos buscando gerar medo; (2) o treinamento de habilidades socioemocionais e de enfrentamento, incluindo a modelagem, ensaio e reforço de métodos para resistir às influências sociais para o uso; e (3) fornecer informações sobre as influências sociais para o consumo, quebrar crenças normativas errôneas a respeito do uso e da droga, corrigir percepções infladas da prevalência de uso (Faggiano *et al.*, 2014).

O campo da prevenção da dependência de drogas muito avançou em experiência e conhecimento nas últimas décadas. Por esse motivo, hoje dispomos de informações sobre programas adequados que reduzem as chances do início do consumo ou que o retardam. Em geral, os programas que integram mais de um modelo são mais eficazes na prevenção ao uso de drogas do que aqueles baseados apenas em um único modelo teórico (Das *et al.*, 2016).

Princípios de boas práticas

Nos últimos anos, pesquisadores e importantes instituições do campo da ciência da prevenção identificaram as características (comuns) de programas associados a resultados positivos (Nida, 2003; Thom, 2017). Denominadas "princípios de boas práticas", essas características foram um conjunto de diretrizes que devem ser consideradas em todo planejamento escolar que se pretenda realmente efetivo na prevenção ao uso de drogas. Eles são destinados a orientar dirigentes, professores e funcionários de acordo com a necessidade de cada comunidade escolar.

Um dos guias mais completos e possivelmente mais largamente utilizados no mundo é o proposto pelo Instituto Nacional de Abuso de Drogas dos Estados Unidos (National Institute on Drug Abuse – Nida). Embora seja norte-americano, os princípios propostos pelo Nida advêm de estudos com replicações em diferentes países e culturas, o que os torna praticamente universais. A partir deste guia, apresentamos um resumo dos quinze princípios de boas práticas que devem ser considerados na elaboração de um programa de prevenção (NIDA, 2003):

- Aumentar os fatores de proteção e reduzir os fatores de risco.
- Trabalhar todas as formas de abuso de drogas, individualmente ou em combinação, incluindo as drogas lícitas, as ilícitas e o uso indevido de medicamentos.
- Abordar o tipo de problema de abuso de drogas da comunidade, identificar fatores de risco modificáveis e fortalecer os fatores de proteção identificados.
- Adaptar as estratégias para abordar os riscos específicos da idade e das características do grupo de alunos.
- Incluir a participação da família.
- Envolver a comunidade.
- Ser projetado para intervir desde a infância para lidar com comportamentos agressivos, desenvolver habilidades sociais e superar dificuldades acadêmicas.
- No ensino fundamental, devem-se incluir abordagens para treinamento de habilidades, tais como autocontrole, reconhecimento das emoções, comunicação, resolução de problemas sociais e apoio acadêmico.
- No ensino médio, devem-se incluir estratégias de suporte acadêmico, hábitos de estudo, comunicação, relacionamento

com os pares, autoeficácia e assertividade, habilidades para a resistência à oferta de drogas e reforço de atitudes antidrogas.
- Reforçar os programas em momentos de transição escolar.
- Combinar mais de um modelo de prevenção.
- Basear-se em programa com eficácia comprovada cientificamente.
- Ser contínuo e de longo prazo, atingindo os diversos momentos de desenvolvimento dos alunos.
- Incluir treinamento de professores para saber lidar com os alunos em sala de aula.
- Utilizar técnicas interativas de atividades, jogos, roda de discussão, dramatização e dinâmicas de grupo.

Um programa pode ter efeitos negativos (inversos)?

Ao tratarmos de intervenções preventivas, uma máxima muito comum precisa ser esquecida: a de que fazer qualquer coisa é melhor que nada. Isso não é verdadeiro quando se trata de programas de prevenção ao uso de drogas. Infelizmente, não são raros os casos em que a adoção de determinadas estratégias ou ações geraram mais experimentações de drogas ou aumentaram o consumo entre aqueles que já usavam. O fenômeno chamado "efeito iatrogênico" é uma preocupação real no contexto de implementação de estratégias preventivas em escolas, e por essa razão torna-se essencial o planejamento estratégico com ações ou programas que sigam diretrizes de melhores práticas.

A seguir, elencamos características de programas que, segundo o Escritório das Nações Unidas sobre Drogas e Crime (United Nations Office on Drugs and Crime – UNODC), têm altas chances de obter resultados nulos ou negativos (2013, texto adaptado):

- Usar métodos não interativos com os alunos, como aulas ou palestras sobre drogas.
- Disseminar informações que despertem medo.

- Fazer sessões de diálogo desestruturadas, sem planejamento e condução ativa do tema abordado.
- Basear-se somente na transmissão de informação sobre drogas para os alunos.
- Basear-se somente na construção da autoestima e educação emocional dos alunos.
- Abordar somente a tomada de decisão moral/ética ou de valores.
- Incluir a participação de ex-usuários de drogas com depoimentos.

É importante que a escola olhe para a questão do uso de drogas como um fenômeno social, que não pode estar fora da ação educativa. É um problema presente em todos os estratos sociais, em grandes centros urbanos e em pequenas comunidades, e que não pode ser subestimado, uma vez que gera graves prejuízos à aprendizagem acadêmica, ao desenvolvimento e à saúde de crianças, adolescentes e jovens.

As ações preventivas precisam estar integradas à organização da escola permanentemente. Buscar a parceria com o setor de saúde pode ser valioso, uma vez que o apoio de profissionais da área pode contribuir para preparar melhor a equipe gestora e docente, assim como ser uma fonte de informações confiáveis para as famílias e para os estudantes.

Cabe dizer que os trabalhadores em educação precisam igualmente ser considerados, sendo necessário que a escola possa acolher e encaminhar professores e outros colaboradores que estejam enfrentando o problema do abuso de drogas e álcool ou vivenciem essa questão com seus familiares.

A prevenção ao uso
de drogas é um processo
dinâmico determinado por
ações que visam melhorar a
qualidade de vida dos alunos
e promover a resistência
individual e social contra o
uso de drogas (UNODC, 2013)

Foto: Freepik

CAPÍTULO 8

Comportamentos autodestrutivos
Suicídio na infância e na adolescência[4]

Crianças e jovens em idade escolar caracterizam-se como um grupo de vulnerabilidade para os processos autodestrutivos. Na transição da infância para a adolescência e para a vida adulta, eles passam por mudanças psicológicas, físicas, biológicas e sociais muito importantes. À medida que se desenvolvem, precisam tomar decisões – relacionadas aos estudos e às amizades, por exemplo –, ao mesmo tempo que estão em processo de construção da própria identidade, autonomia, independência, relacionamentos e sexualidade.

Tal condição pode ser disparadora de sentimentos de desamparo, insegurança, estresse e desesperança, e também fator de risco e vulnerabilidade para o aparecimento de situações de sofrimento psíquico, as quais podem desencadear processos autodestrutivos.

Na outra ponta, a minha prática em saúde pública e na gestão de um serviço de cuidado em saúde mental na cidade de São Paulo tem

---

[4] A convite dos autores, este capítulo foi escrito por Edson Roberto Vieira de Souza, psicólogo de formação, especialista em Saúde Mental pela Escola de Enfermagem da Universidade de São Paulo (EEUSP) e em Gestão de Saúde Pública pela Faculdade de Ciências Médicas da Santa Casa de São Paulo. É docente do curso de pós-graduação em "Suicidologia: Prevenção e Posvenção, Processos Autodestrutivos e Luto" na Universidade São Caetano do Sul (USCS) e do curso de especialização "Morte e Psicologia: Promoção da Saúde e Clínica Ampliada" na Universidade Cruzeiro do Sul.

me mostrado o quanto pessoas adultas estão sendo acometidas por sofrimentos psíquicos sem, no entanto, poderem ser acolhidas – o que se dá, muitas vezes, devido à escassez de recursos e de profissionais preparados.

Não quero com isso, em absoluto, fazer uma crítica aos profissionais de saúde e da educação. Quando alguém chega para um profissional dessas áreas e diz: "Eu quero morrer", o desespero – que *a priori* era apenas do paciente – invade também o profissional. Essa fala nos remete à nossa própria finitude, impotência e incapacidade de lidar com o tema.

Na última década, houve um aumento significativo no número de suicídios nas duas extremidades da população brasileira, ou seja, na infância, adolescência e juventude e entre pessoas mais velhas. Neste capítulo, vamos nos ater ao primeiro grupo, porque é com este que a escola se relaciona diretamente.

Segundo o Sistema de Informação sobre Mortalidade (SIM), entre 2010 e 2019, houve uma alta de 81% nos casos registrados na faixa etária de 5 a 14 anos e de 45,9% na faixa de 15 a 24 anos, sendo que 40% dos óbitos se concentram em pessoas com até 34 anos.[5]

Múltiplos são os fatores do suicídio e não temos a pretensão de esgotar o assunto ou trazer respostas duradouras e definitivas. Tampouco imaginamos que a escola e os professores darão conta do cuidado integral e da prevenção contra o suicídio nas escolas. No entanto, existem ferramentas e estratégias de cuidados que podem e devem ser adotadas nos ambientes escolares, e os professores têm um papel importante, tanto no que se refere ao acesso aos alunos quanto como membros integrantes da instituição, a qual deve propor e indicar possibilidades de ações de intervenção.

Para que possamos ter um olhar integrativo sobre o tema, os casos apresentados são comentados pelo psiquiatra Gustavo M. Estanislau e por Karina Okajima Fukumitsu, psicóloga e coordenadora da pós-graduação em Suicidologia na Universidade São Caetano do Sul (USCS), que também colabora para outras passagens deste texto.

---

[5] Para mais informações, acesse: https://bit.ly/3KGFMaV.

CASO 1

Relato de um diretor de escola

"Temos uma aluna, que está conosco desde o ensino infantil, cursando agora o 2º ano do ensino médio. Os pais, estrangeiros, tinham uma condição socioeconômica bastante difícil e participavam do programa de bolsas que a escola oferece.

Há dois anos, percebemos que ela mudou bastante de comportamento, tendo uma queda acentuada em seu desempenho escolar, tornando-se menos participativa nas aulas e mais retraída. Na época, tinha iniciado nas aulas de teatro, mas em poucos meses desistiu. Como a mudança foi muito grande e perdurava, concluímos que seria importante entrar em contato com a família, que nos informou que buscaria um atendimento psicológico, já que o comportamento dela em casa e com a família estava, igualmente, preocupando-os. Nesse período, houve poucas melhoras em seu comportamento e o desempenho escolar piorou bastante no início do ensino médio, sendo motivo de choro na entrega das notas, cobranças intensas dos pais, com quem conversávamos frequentemente.

Há seis meses, soubemos que ela começou a namorar um colega da turma. Estava mais alegre e mais participativa nas aulas, mas há duas semanas o namorado terminou o relacionamento. Na segunda-feira, recebi um telefonema do pai, contando que a adolescente havia tentado o suicídio. Felizmente, a família a encontrou a tempo, conseguindo socorrê-la e evitando o pior. A notícia caiu como uma bomba em nossa cabeça; jamais pensamos que ela teria uma atitude dessas. Os professores estão profundamente abalados e não sabemos como tratar a situação com ela e com os colegas, que já sabem do ocorrido. É o tipo de situação para a qual parece que nunca estamos preparados."

1 **Como a escola pode identificar sinais de que um estudante está em sofrimento a ponto de atentar contra a própria vida?**

KARINA OKAJIMA FUKUMITSU - São muitos os sinais que o professor deve conhecer e aos quais deve se atentar no dia a dia; entre eles: mudança abrupta de comportamento, baixo rendimento escolar, diminuição na participação em sala de aula, dificuldades para completar tarefas e de concentração, irritabilidade, isolamento, medos e preocupações, pensamentos sobre morte ou sobre morrer, facilidade para se frustrar, falas que revelam culpa, vergonha e cobranças de não ter atingido as expectativas, desfazer-se de objetos importantes, despedir-se de parentes e amigos, além de frases como: "Se isso acontecer novamente, prefiro estar morto", "Quero sumir", "Não aguento mais!".

GUSTAVO ESTANISLAU - No caso relatado, a jovem vinha apresentando dificuldades de se adaptar a uma série de contextos e pouca perseverança diante de desafios. Esse tipo de cenário, quando se estende, tende a agravar a baixa autoestima e, eventualmente, levar a uma ideia de que as coisas não vão melhorar (desesperança), que é um fator de risco importante para pensamentos e comportamentos suicidas.

Além disso, a adolescente parecia ter depositado muito da sua esperança e da sua energia no relacionamento amoroso, já que não apresentava bom desempenho em outros aspectos da vida. Isso é preocupante. Mesmo durante o período de calmaria, em que a menina parecia feliz por estar se sentindo amada, é de grande importância que pais e – sob orientação especializada – a escola a estimulem a buscar outras fontes de interesse e satisfação, no sentido de reduzir a intensidade de possíveis frustrações, como vimos.

2 **Caso o professor identifique um aluno que apresenta sinais de risco para o suicídio, como deve proceder com ele, com a família e os demais alunos da turma? Quais as diretrizes básicas?**

GUSTAVO ESTANISLAU - É importante incentivar a (re)conexão com a família, amigos, escola, um *hobby*, etc., o que tende a fazer com que a pessoa se sinta menos desamparada quando um desses elos se enfraquece. Programas de desenvolvimento de habilidades socioemocionais voltados ao autoconhecimento, habilidades sociais (no sentido de possibilitar a expansão da rede de amigos) e o autogerenciamento das emoções, por exemplo, podem ser muito úteis para diminuirmos a chance de eventos intempestivos como esse.

Um aspecto positivo relatado nesse caso é o diálogo entre a escola e a família, que possibilitou que a estudante iniciasse um acompanhamento psicoterapêutico que parecia ser necessário diante dos prejuízos e sofrimento que se mantinham ao longo do tempo. A partir disso, uma sugestão que poderia ser interessante seria de um contato um pouco mais próximo entre a família, o especialista em saúde mental e a escola. O trabalho "em equipe" pode ser um divisor de águas para que a trajetória do tratamento seja mais eficiente.

KARINA OKAJIMA FUKUMITSU - Escutar, conversar sobre a situação e validar os sentimentos são as principais formas de se ajudar uma pessoa em sofrimento. Na escola, é comum que os colegas do aluno que apresenta comportamentos autodestrutivos sinalizem suas preocupações para os professores. Sendo assim, é importante que o professor se aproxime do aluno, dizendo que tem percebido que ele não está bem ou que tem identificado mudanças no seu comportamento. Nessa hora, é importante atentar para os riscos e erros que exponham o aluno em vulnerabilidade, evitando julgamentos e comentários como "mas você tem tudo" e "você está sofrendo por esse motivo?". Enfatizo a necessidade de legitimar os sentimentos e pensamentos, até porque "o sentido pertence ao 'sentidor', aquele que sente a dor" (Fukumitsu, 2014, p. 59). É importante entendermos os processos autodestrutivos, como suicídio, autolesão não suicida e adoecimentos autoimunes, como formas de comunicação que expressam sofrimento e dificuldades de lidar com a própria dor. Depois do acolhimento com o aluno, a escola deve informar a família sobre sua condição de vulnerabilidade. Caso seja identificado comportamento suicida, a escola deverá realizar encaminhamentos. Para encaminhamentos gratuitos deve-se direcionar para o Centro de Atenção Psicossocial (Caps) mais próximo de onde o aluno mora. Para atendimentos em psicoterapia gratuitos é possível indicar instituições de ensino de formação em psicologia, porém há filas de espera.

3 Como a escola pode se preparar para receber um estudante após uma tentativa de suicídio?

GUSTAVO ESTANISLAU - É bastante importante que a escola possa receber algum tipo de suporte para lidar com o acolhimento da jovem. É natural que situações como essa causem angústia e, eventualmente, até um senso de dever não cumprido por parte dos adultos que estão à volta. O auxílio de um especialista pode ser fundamental para que a equipe escolar retome o equilíbrio, fator que é a base do acolhimento, fundamental para que as coisas melhorem. Quando muito angustiados ou inseguros, tendemos a perder nossa capacidade de servir de "porto seguro", que acolhe ao mesmo tempo que organiza.

CASO 2

Relato de uma professora

"Há vinte dias, um dos estudantes da nossa escola cometeu suicídio. Ele não era da minha turma, mas me senti extremamente afetada, como se fosse um dos meus alunos. Como aconteceu no fim de semana, a coordenadora e a diretora ligaram diretamente para cada colaborador da escola informando sobre o acontecido, muito emocionadas. Fizeram um comunicado oficial da escola para todas as famílias e, no primeiro dia de aula após o ocorrido, em vez de aulas normais, fizemos rodas de conversa com os demais alunos. Foram chamados dois psicólogos, que ofereceram diretrizes gerais de como conduziríamos as conversas e ficaram também na escola por uma semana, apoiando diretamente os estudantes da mesma sala do aluno que faleceu, inclusive ao longo da roda de conversa.

O que se passou foi muito doloroso para todos, mas, apesar desse evento dramático, senti que a relação entre professores, alunos e gestão vêm se fortalecendo... Enfim, nosso vínculo está se tornando mais forte. No funeral, muitos professores, gestores e colegas estiveram presentes, e os familiares se mostraram muito gratos pela solidariedade de toda a comunidade escolar. Nunca imaginamos que uma das nossas crianças pudesse passar por isso e se aprofundou nossa percepção do quanto precisamos valorizar a vida e apoiar uns aos outros."

1. Quais ações a escola pode fazer para prevenir o suicídio? Quais as diretrizes básicas?

KARINA OKAJIMA FUKUMITSU – "Grande parte do trabalho a ser realizado na prevenção do suicídio e dos processos autodestrutivos tem relação direta com ações que poderão acolher o sofrimento existencial e instilar esperança" (Fukumitsu, 2019a, p.112).

Ressalto, no entanto, que a prevenção do suicídio não deve ser confundida com previsão, tampouco com evitação de uma morte, pois há de se considerar a imprevisibilidade inerente ao sofrimento humano. Os trabalhos de prevenção dos processos autodestrutivos são importantes, sobretudo com o intuito de estimular a psicoeducação para o resgate do bem-estar e para o acolhimento do sofrimento existencial. Sendo assim, as diretrizes básicas devem ter como objetivos:

Proporcionar espaços psicoeducativos para dialogar sobre os processos autodestrutivos e propor ações direcionadas ao desenvolvimento socioemocional e de modalidades de cuidados, intervenções e estratégias para gerenciamento de crises e enfrentamento de conflitos.

Discutir plano de intervenção nos grupos de vulnerabilidade da escola: entre outros, alunos que utilizam álcool e drogas, que receberam diagnóstico de transtornos mentais, imigrantes, LGBTQIAP+, que sofreram violência sexual e que têm doenças crônicas, com a finalidade de promoção do acolhimento.

Além disso, é importante que se atente ao risco de o sofrimento ser agravado por fatores como indiferença, exposições sensacionalistas e acusatórias e julgamentos em relação ao sofrimento. Lembremos que "quem está longe julga e quem está perto compreende" (Fukumitsu, 2012, p.70).

2 Quais os impactos psicológicos para quem fica?

GUSTAVO ESTANISLAU – Crianças, adolescentes e adultos que vivenciaram direta ou indiretamente um suicídio apresentam risco aumentado de se sentir mais tristes, ansiosos ou traumatizados, com duas ou três vezes mais chances de desenvolver quadros depressivos, ansiosos, de estresse pós-traumático, uso de substâncias e de luto complicado (De Groot; Kollen, 2013). Além disso, essas pessoas podem passar a apresentar pensamentos suicidas e até fazer tentativas após o evento. História pessoal ou familiar de transtornos mentais tendem a aumentar os riscos (Erlangsen; Pitman, 2017). Há ainda a possibilidade de se desenvolver o que chamamos de luto complicado (Mauro *et al.*, 2019), que ocorre quando o luto se prolonga e segue gerando muito sofrimento, sendo caracterizado por pensamentos excessivos sobre o falecido, evitação de situações relacionadas com a perda (como não querer retornar à escola) e dificuldade de se encontrar um significado para a vida.

O caso também apresenta um fator bastante relevante, pois o suicídio de um aluno tende a causar um impacto significativo na saúde mental dos profissionais da escola, que podem apresentar dificuldade de estabelecer, sozinhos, as medidas a serem tomadas (Kõlves *et al.*, 2017). Mais uma vez, demonstra-se a necessidade do auxílio de profissionais capacitados para esse tipo de acontecimento. Importante frisar que a equipe escolar também pode necessitar de suporte psicológico.

Condutas chamadas de "posvenção" vêm sendo pesquisadas para que se minimizem os efeitos negativos que tendem a se instalar nas pessoas que ficam. São "atividades desenvolvidas por, com ou para sobreviventes de suicídio, a fim de facilitar a recuperação após o suicídio e para prevenir resultados adversos, incluindo comportamento suicida" (WHO, 2014, p. 57, tradução livre).[6] O termo pode ser utilizado

---

[6] Trecho no original: "Improve response to and caring for those affected by suicide and suicide attempts. Provide supportive and rehabilitative services to persons affected by suicide attempts".

também para condutas que são estabelecidas depois de uma tentativa de suicídio.

A grande questão, neste momento, é que a literatura que guia tais orientações ainda está em desenvolvimento e não existe um consenso que possa ser aplicado, de forma geral, a todas as situações. Portanto, cautela é necessária, e cada movimento deve ser pensado de forma cuidadosa, em parceria com um profissional da área de saúde mental, considerando as particularidades específicas de dado cenário escolar.

No caso relatado, um ponto forte na conduta utilizada é que a escola recebeu a orientação e o suporte de profissionais especializados, que direcionaram os movimentos a ser feitos. É de suma importância que se perceba que esse conjunto de ações (rodas de conversa com os alunos, por exemplo) não deve ser levado como uma "receita" de como agir. Elas parecem ter funcionado bem nesse caso, mas podem não ser efetivas para outros. Estudiosos no assunto alertam que intervenções de crise isoladas após um suicídio podem ter efeitos deletérios, como o aumento da angústia e tentativas de suicídio entre estudantes (CALLAHAN, 1996), portanto é preciso ter muito cuidado.

3 **Quais as diretrizes básicas para a escola na posvenção?**
KARINA OKAJIMA FUKUMITSU - Segundo o psicólogo e tanatologista norte-americano Edwin S. Shneidman, um dos principais focos da posvenção é o acolhimento da diversidade de sentimentos e pensamentos que o suicídio do ente querido pode desencadear, entre os quais estão culpa, raiva, ódio, mágoa, medo, indignação, revolta, vergonha, sentimento de abandono e de impotência (STILLION, 1996; JAMISON, 2010; SHNEIDMAN, 2001; FUKUMITSU, 2013; FUKUMITSU; KOVÁCS, 2015; 2016).

As ações a serem realizadas quando um suicídio acontece no contexto escolar devem ser pensadas caso a caso. No entanto, apresento um resumo da prática do acolhimento e do cuidado (Fukumitsu, 2019a), mais amplamente expostas no Programa Raise (Programa de Ressignificações e Acolhimento Integrativo do Sofrimento Existencial):

Contatar a família do aluno que tentou suicídio ou que teve a morte consumada por suicídio. [...]. Nessa conversa, a coordenação precisará garantir que as imagens do aluno e da família serão respeitadas acima de tudo e poderá se prontificar a se encarregar das demais providências que auxiliem a família (por exemplo, divulgar as informações de onde acontecerão o velório e o enterro).

Alinhar com a família o que será dito: apesar de não ser exigida a permissão parental ou familiar para liberar a informação relativa à morte, uma vez que se trata de uma informação pública, a escola deve alinhar com a família como notificar a morte por suicídio.

Elaborar a comunicação: se a família e a escola optarem por tornar público o suicídio, elaborar comunicação em forma de carta endereçada aos familiares e aos alunos para informar a tentativa de suicídio ou a morte consumada por suicídio. O objetivo é que a carta circule em vários grupos de pais, pois confirma a atitude mais prudente a se tomar, que é lidar com o assunto com transparência e respeito. Se a escola se posicionar sobre a morte por suicídio perante a sociedade, é possível conquistar o envolvimento de todos. Não devemos incluir o nome completo do aluno implicado, nem indicar o ano em que estava, para evitar exposição dos alunos e das famílias.

Sobre a dispensa dos alunos: sugere-se dispensa de um dia para todos os tipos de morte. Quando uma morte de aluno acontecer, é recomendável que os pais ou responsáveis dos colegas da sala sejam avisados e que possam buscar seus filhos na escola. Antes da dispensa, é necessário que se informe o motivo pelo qual os alunos estão sendo dispensados, dizendo, por exemplo: "Infelizmente, um dos nossos alunos morreu, e vocês serão dispensados por um dia". Caso os colegas questionem a maneira como se deu a morte e esta tenha sido por suicídio, a coordenação poderá dizer: "Infelizmente, foi por suicídio, mas quero ressaltar que a verdade sobre as motivações para esse ato extremo foi embora com quem morreu, pois é impossível saber exatamente o que a pessoa pensava ou sentia no momento de sua morte". Além disso, a coordenação deverá orientar os professores e os funcionários a ficarem próximos dos amigos e dos colegas de sala do aluno que se suicidou, devendo dar a eles atenção especial e acolher quem estiver mais sensibilizado pela notícia. Levar caixas de lenço de papel e deixá-las próximo das pessoas. No dia da dispensa, realizar atividade com diretores, coordenadores, orientadores e professores: o início desse trabalho deve seguir ordem análoga à da máscara de oxigênio do avião, reunindo essas pessoas com o objetivo de conversar sobre os impactos do suicídio para elas. Todos os colaboradores da instituição deverão ser convidados, pois a proposta principal é de acolhimento e cuidado. Saliento a importância de os colaboradores da instituição serem os primeiros a receber acolhimento de seus próprios sentimentos e pensamentos. Explicar a eles que a estratégia é primeiramente fortalecê-los para que possam oferecer acolhimento e cuidado a outras pessoas. Nesse sentido, a prática seguirá a recomendação de, por estarem todos em "carne viva", em um primeiro momento, apenas tirarem os escombros e se resgatarem.

4 **A escola deve adotar uma conduta única ou estratégias diferentes para públicos diferentes?**
GUSTAVO ESTANISLAU - Estudos vêm analisando e dando suporte a estratégias que podem ser direcionadas à escola

como um todo, para grupos de pessoas em possível risco e para pessoas que apresentam um risco franco, como as que referem estar vivenciando pensamentos suicidas ou que já fizeram alguma tentativa, por exemplo. Pessoas que estavam física ou mentalmente mais conectadas com a pessoa que cometeu suicídio – entre eles, familiares e amigos –, merecem particular atenção.

Além do cuidado com a comunicação – para não instalar um clima mais angustiante para os jovens, em especial –, pessoas com sofrimento menos intenso parecem se beneficiar de uma abordagem em roda de conversa (com intuito de elevar a sensação de apoio entre os pares e compartilhamento de experiências) (SCHOTANUS-DIJKSTRA et al., 2014) ou de uma iniciativa educacional (CHA et al., 2018), que compreenda, por exemplo, conteúdos relacionados à reação normal de luto e enfrentamento de dificuldades emocionais. Tais estratégias podem também ser ministradas para professores e pais separadamente.

Para as pessoas que apresentam maior angústia, risco de luto complicado ou outros problemas de saúde mental, a psicoterapia feita por um especialista é a conduta mais indicada (ZISOOK et al., 2018). Formas de identificar pessoas em maior risco através de escalas vêm sendo desenvolvidas e devem auxiliar bastante na tomada de decisões por encaminhamento para serviços de saúde.

Grupos de apoio com enfoque no acompanhamento ao longo da elaboração do luto têm sido bastante pesquisados. Geralmente eles são um espaço para troca de experiências, oferecer e receber suporte, em um clima de empatia e esperança, com a finalidade de amenizar a angústia, comportamentos imitativos e os riscos de outros problemas emocionais. Nesse tipo de intervenção, pode haver um direcionamento da atividade para questões específicas relacionadas ao fenômeno do luto ou uma abordagem mais "ampla", não direcionada. Se ocorrerem em uma dinâmica de roda de conversa, tais intervenções, a meu ver, devem ser oferecidas sob o comando de um profissional de saúde mental. Aqui é importante lembrar que muitas pessoas próximas à pessoa que faleceu podem se sentir envergonhadas ou muito enfraquecidas com o que estão vivendo, por isso muitas vezes precisam de encorajamento para participar dessas atividades.

Alguns elementos que vêm sendo identificados como efetivos dentro de uma estratégia de posvenção *são*: o treinamento de voluntários que auxiliariam os profissionais de saúde mental nos grupos de apoio, servindo como um suporte ou até mesmo um tipo de modelo; orientações psicoeducacionais para pais de crianças em luto (ANDRIESSEN *et al.*, 2019b); além disso, existem dados que mostram a importância de que abordagens de posvenção sejam oferecidas por um certo período, recomendando-se entre 8 e 10 semanas. O uso de manuais ou diretrizes de conduta também é fortemente recomendado (PFEFFER *et al.*, 2002), porém, de forma geral, eles ainda estão em desenvolvimento no Brasil.

Neste segmento de posvenção, como citamos, não existe um consenso mundial que nos permita discriminar um fluxo de estratégias "infalível" (ANDRIESSEN *et al.*, 2019a). Nosso intuito, aqui, seria o de apresentar condutas que vêm sendo estudadas em diversos países, e que podem ser recursos importantes em um momento delicado, com maior possibilidade de serem exitosas (e com menores riscos de causar efeitos indesejados) se forem mediadas por um profissional da área de saúde mental.

Um aspecto final relativo ao caso, merecedor de ser mencionado, é que existe uma base teórica que vem sendo

> construída associando perdas e eventos traumáticos a crescimento pessoal através de modificações psicológicas positivas que surgem após o evento (Levi-Belz; Krysinska; Andriessen, 2020).

Sinais e fatores de risco

Os comportamentos listados a seguir podem ser sinais de que alguém está em sofrimento e em um processo autodestrutivo, com pensamento ou comportamento suicida:

- Fala sobre a morte, sobre querer morrer ou se matar.
- Fala sobre se sentir vazio, sem esperança ou sem razão para viver.
- Faz um plano ou descobre maneiras de se matar, como pesquisar *on-line* por métodos letais, adquirir ou acumular medicamentos ou obter uma arma.
- Fala sobre sentir grande culpa ou vergonha.
- Fala sobre se sentir preso ou que não há solução.
- Sente uma dor terrível (física ou emocional).
- Fala sobre ser um fardo para os outros.
- Faz uso de álcool ou drogas com mais frequência.
- É ansioso ou agitado.
- Afasta-se da família e dos amigos.
- Muda os hábitos alimentares ou de sono, de peso e de aparência.
- Mostra raiva ou fala sobre buscar vingança.
- Corre grandes riscos que podem levar à morte, como dirigir em alta velocidade.
- Apresenta altos e baixos extremos de humor, mudando repentinamente de uma sensação de tristeza para calmaria ou felicidade.

- Doa bens materiais importantes.
- Diz adeus à família e aos amigos.
- Fala ou posta em redes sociais sobre suicídio ou vontade de morrer.
- Ausenta-se ou falta frequentemente à escola.
- Tem queda brusca de rendimento escolar.
- Apresenta comportamento de risco autodestrutivo (automutilação, abuso de álcool e/ou drogas, ações imprudentes que podem colocar a vida em risco).

Gostaria de frisar que há uma diferença importante entre pensamento e comportamento suicida. Na prática, nem toda pessoa que afirma que quer morrer está em processo de tentativa de suicídio. No entanto, faz-se necessário investigar essa demanda para poder diferenciar uma pessoa em sofrimento e que diz que quer morrer de uma pessoa com comportamento suicida, que está planejando e/ou organizando a efetivação do ato.

Fatores de risco

O suicídio é multifatorial, não existe uma causa única que possa indicar ou levar uma pessoa à tentativa de suicídio. Determinantes sociais, como saúde, educação, segurança, moradia, emprego, relações humanas, são importantes causas para o sofrimento humano; no entanto, existem alguns fatores de risco que podem ser abordados ao acolher e dialogar com uma pessoa em sofrimento:

- Depressão ou outros transtornos mentais.
- Abuso de substâncias.
- Certos problemas médicos, como pessoas com doenças graves e ou fase terminal.
- Dor crônica.
- Tentativa anterior de suicídio.

- História familiar de transtornos mentais ou de abuso de substâncias.
- História familiar de suicídio.
- Violência familiar, incluindo abuso físico ou sexual.
- Posse de armas de fogo ou de outro tipo em casa.
- Exposição a outro comportamento suicida, como de familiares ou colegas, ou de uma celebridade.
- *Bullying* e *cyberbullying*.
- Questões de gênero (que podem ser fatores de sofrimento e desenvolver processos autodestrutivos).
- Demandas de exclusão social.
- Exposição a meios letais, como medicações, venenos, etc.

Autolesão

Os processos autodestrutivos podem se manifestar de diversas formas. Um deles e não menos importante é a autolesão (também denominada automutilação), que, na prática, nem sempre é uma tentativa de suicídio. No entanto, se faz necessário que essa pessoa possa ser acolhida e atendida por profissionais de saúde.

A autolesão é um comportamento de alguém que faz mal a si mesmo, com cortes excessivos ou queimaduras não letais (de forma superficial). Todavia, esse comportamento talvez sinalize o início de outro processo autodestrutivo, podendo se acentuar para danos maiores e mais invasivos ao corpo e levar à letalidade, seja intencional ou não.

Estudos apontam que ao menos 10% dos jovens se autolesam (Moreira *et al.* 2020); portanto, em uma sala de aula com trinta alunos, é provável que ao menos três já tenham se infligido ferimentos. A criança ou jovem, ao se mutilar, simbólica e psiquicamente, estaria buscando aliviar uma dor muitas vezes não suportável. Porém, esse alívio é temporário. Vejamos, a seguir, um ciclo da autolesão:

ESQUEMA 1 - Ciclo da autolesão

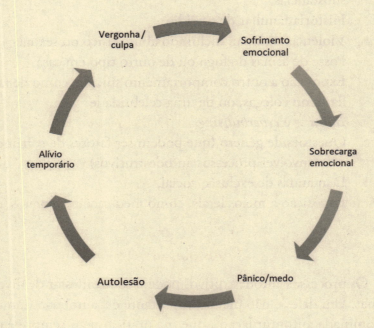

Fonte: Elaboração do autor.

Como disse, a autolesão é uma forma simbólica de lidar com a dor e o sofrimento psíquico. Começa como um sintoma leve, mas pode se intensificar.

Observamos, no Esquema 1, que o processo de autolesão é deflagrado por um sofrimento emocional, que pode ou não se intensificar, causando uma sobrecarga de emoções, muitas vezes quase insuportável. O aumento desse sofrimento vem acompanhado pelo medo de não dar conta de lidar com ele, e a autolesão acontece como forma de alívio da dor, ainda que temporária. Sentimentos de culpa e vergonha após a autolesão são muito comuns; no entanto, a partir de um novo disparador de sofrimento, o ciclo pode reiniciar.

Cabe ressaltar que o esquema explicita um processo autodestrutivo não suicida, mas que, com a intensidade das ações, pode levar a processos mais lesivos.

A maior dificuldade nos casos de autolesão é o fato de que quem se fere esconde os cortes: "A autolesão é como a prisão da ansiedade e do sofrimento que eclode na pele", define a psicóloga Karina Okajima Fukumitsu. Sendo assim, continua ela, "embora o escopo do trabalho com a autolesão seja o do redirecionamento das situações ansiógenas, a forma de lidar com a pessoa que se automutila é parecida com a abordagem com pessoas com comportamento suicida supramencionada, ou seja, devemos escutar, conversar sobre a situação, validar os sentimentos, acolher e encaminhar o aluno, enfatizando que o tratamento precisa ser interdisciplinar, incluindo medicações, psicoterapia familiar e individual e terapias complementares" (Fukumitsu, 2017).

Cenário e desafio

O suicídio é um fenômeno que atinge toda a população brasileira. Entre 2010 e 2019, o número de óbitos por suicídio no país aumentou 38,71% (MS/SVS/CGIAE – Sistema de Informação sobre Mortalidade – SIM). Por sua complexidade, é difícil identificar as razões específicas desse aumento, tendo que se observar que a melhora na notificação de casos pode também ter interferido nesse número.

Enquanto no mundo ocorre um suicídio a cada 40 segundos, no Brasil, a ocorrência é de um a cada 40 minutos. Nesse sentido, é necessário entender como se caracteriza o perfil epidemiológico de óbitos em nossa população, de modo que possamos pensar em estratégias e planejamentos para intervir e reduzir não apenas os números absolutos, mas as características da população mais sensível e vulnerável a essa importante questão de saúde pública.

Por meio da epidemiologia, é possível identificar também os cenários e contextos em que uma pessoa em sofrimento está inserida e que a motivam a uma tentativa de suicídio.

Não trago aqui os dados pormenorizados por não ser o foco da nossa discussão; no entanto, creio ser importante fazer esse comentário para que se entenda de onde partem minha visão e prática. Para além de buscar os fatores que levam a processos autodestrutivos, acredito que temos de incentivar uma reflexão sobre a importância e o lugar do cuidado em saúde mental como instrumento de política pública.

Cuidado e prevenção

Talvez o maior desafio no manejo de cuidados de pessoas em risco de suicídio seja identificá-las antes da tentativa e, por conseguinte, antes que o óbito ocorra. Estudos mostram que, para cada óbito por suicídio, ocorreram outras cinquenta tentativas.

Para isso, o caminho a ser percorrido inicia-se pelo que chamamos na saúde pública de "evento sentinela", ou seja, identificar os fatores determinantes não apenas do suicídio, mas da tentativa. A questão que se coloca é que o suicídio, assim como em outras doenças, é apenas o sintoma de um sofrimento intenso.

Quando dizemos que uma pessoa está em sofrimento psíquico queremos dizer que precisa de ajuda; que sente uma dor que ela nem sempre sabe quando, onde e como se iniciou e, na maioria das vezes, não é possível mensurar e quantificar. Apenas dói.

Não me refiro aqui ao termo "transtorno mental". Existe uma diferença entre dor, sofrimento e doença. Na minha compreensão, muitas vezes, podemos estar com alguma dor e sofrendo por causa dela, mas não necessariamente estamos doentes; por outro lado, podemos estar sem dor e sofrimento, e doentes.

Em situações de sofrimento, o senso comum indica que a pessoa precisa de um psicólogo e/ou um psiquiatra. Na prática, na maioria das vezes, é isso mesmo o que ocorre. No entanto, sugiro tentarmos romper o paradigma e o estigma da doença e do sofrimento mental, nos quais tudo se remete aos saberes "psi". Absolutamente, não quero dizer que não há necessidade de cuidados técnicos especializados. Muito pelo contrário: sinais de alerta importantes, se identificados após escuta e acolhida, precisam ser encaminhados a serviços específicos de cuidado.

Tenho, no entanto, a convicção de que qualquer pessoa pode acolher outra em sofrimento e, por mais paradoxal que pareça, também pode "cuidar". Chamo essa proposta de "acolhimento existencial". Isso significa que o professor, coordenador, diretor, porteiro, pais e até os próprios alunos podem acolher uns aos outros e, de alguma forma, cuidar das pessoas em sofrimento inseridas no contexto e na cena das escolas.

Há uma grande discussão sobre até onde podemos efetivamente atuar de maneira preventiva e de promoção de saúde para diminuir os casos de suicídio no Brasil e no mundo. Em meu entendimento, penso que a educação é um potente caminho para diminuir os indicadores apresentados antes.

Embora o acolhimento e cuidado de pessoas em sofrimento seja uma *expertise* de profissionais de saúde e tenhamos conseguido avanços importantes no Sistema Único de Saúde (SUS), ainda existem problemas no que se refere ao acesso e aos recursos disponíveis, seja por carência de uma rede qualificada num país com diversas realidades, seja pela falta de habilitação para o cuidado de pessoas em processos autodestrutivos.

Por isso, temos de pensar em ampliar os espaços de acolhimento e cuidado de pessoas em sofrimento; e a escola, professores e a comunidade escolar podem ser membros e recursos fundamentais nesse processo de prevenção e posvenção aos processos autodestrutivos e suicídio.

Uma proposta de intervenção que qualquer profissional e/ou escola pode realizar foi criada pela National Suicide Prevention Lifeline, entidade norte-americana fundada pela Administração de Serviços de Abuso de Substâncias e Saúde Mental (Substance Abuse and Mental Health Services Administration – SAMHSA) e pela Vibrant Emotional Health, e consiste em cinco etapas, que poderiam ser resumidas da seguinte forma:

1. **PERGUNTE:** "Você está pensando em se matar?". Não existe outra forma de abordar a questão do suicídio sem falar sobre a

possibilidade de alguém desejar morrer. Embora possa parecer difícil fazer essa pergunta, é a única forma de abordar o assunto, e o fato de falar sobre a possibilidade de suicídio não aumenta nem estimula uma pessoa a cometer processos autodestrutivos.

2 **CUIDADOS DE SEGURANÇA:** A partir da afirmativa sobre a intenção de morrer, pergunte se a pessoa tem planejado o suicídio. O objetivo aqui é entender a ação que a pessoa considera fazer para consumar o ato, sendo fundamental para a prevenção, por permitir que se criem ou estimulem fatores de proteção e mitigação de riscos, como o impedimento de acesso a meios letais (como armas de fogo, cordas ou medicamentos) ou de locais de risco (como lugares altos).

3 **ESTEJA PRESENTE:** Procure ouvir com atenção e descobrir o que a pessoa em risco está pensando e sentindo. O objetivo dessa ação é se aprofundar na questão e tentar levantar mais informações sobre ela.

4 **AJUDE A ESTABELECER UMA CONEXÃO:** Se identificado o risco, ajude a pessoa em sofrimento, encaminhando-a a um serviço de saúde de urgência e emergência em saúde mental. Pode ser a uma Unidade de Pronto Atendimento (UPA), ao Centro de Atenção Psicossocial (Caps) e/ou Unidades Básicas de Saúde (UBS), ou ao Centro de Valorização da Vida (CVV). Você também pode ajudar a pessoa com pensamentos suicidas a se conectar com uma pessoa de confiança, como um membro da família, amigo, religioso ou profissional de saúde.

5 **MANTENHA-SE EM CONTATO:** Este é um recurso superimportante para o cuidado e para o estabelecimento de uma rede de proteção em casos de pensamento ou tentativas de suicídio. Portanto, manter contato com a pessoa acolhida e oferecer esse suporte permite ao professor e à escola criarem uma rede de proteção para dar continuidade ao acolhimento.

Entendo que haja "n" fatores e situações que levem uma pessoa a processos autodestrutivos. Nessa perspectiva, deve-se buscar enxergar esse ser humano integralmente (nos aspectos físico, biológico, psíquico e social) e sua interação com o meio ao qual pertence.

Não é uma visão simples de ser colocada na prática da clínica do cuidado. Quando falamos do processo de cuidar e ser cuidado, adentramos o cenário das relações que se estabelecem entre duas pessoas, uma que precisa ser cuidada e outra que se coloca à disposição para cuidar: para escutar sem julgamentos, regras, valores ou críticas. Alguns definiriam essa ação como empatia.

Estamos falando de relações humanas, de "gente cuidando de gente". Essa questão, quando apresentada, geralmente causa a mesma angústia e sentimento de impotência; este talvez seja o melhor e maior mecanismo possível para uma mudança de postura e comportamento em direção ao cuidado.

O cuidado, como estratégia, é fundamental; no entanto, temos de trazer para nossa discussão o conceito de clínica, em particular a clínica em saúde pública. Estamos falando das ferramentas, técnicas, teorias, metodologias e tecnologias que cada profissional utiliza em sua práxis do cuidado em saúde. O conceito de clínica que trago aqui consiste no fato de que existe diferença em tratar um adulto e uma criança em processos autodestrutivos. O que diferencia esse cuidado é exatamente esse conceito: cuidados e clínicas diferentes para diferentes demandas e necessidades.

A forma e a maneira de abordar uma criança e um adolescente são diferentes. Minha proposta é entender que o suicídio é apenas um sintoma de algo anterior, que muitas vezes não pode ser externado, e este será o desafio da escola e dos educadores, para entender de que forma poderão exercer seu papel de transformação da realidade de muitas crianças e jovens.

Práticas pelo mundo

Precisamos ampliar os espaços de formação profissional para todas as categorias da saúde e educação, obviamente com recortes e manejos diferenciados em cada um dos serviços, com *expertises* próprias de cada área. Precisamos urgentemente de políticas públicas nas três esferas de governo, com financiamento para projetos específicos de prevenção ao suicídio para saúde e educação.

Além disso, num país continental como o nosso, no qual muitas pessoas mal têm acesso a recursos públicos de saúde, gostaria de trazer para a reflexão a possibilidade de espaços comunitários de acolhimento, escuta e cuidado em saúde mental.

A Organização Mundial da Saúde (OMS) disponibiliza uma cartilha sobre primeiros socorros psicológicos, que poderia ser oferecida para pessoas leigas, em situações de desastres e/ou catástrofes.

Em países africanos, onde o acesso a recursos e cuidados em saúde mental são escassos, existem vários projetos – entre eles o Banco da Amizade, no Zimbábue – nos quais pessoas da comunidade são treinadas para a escuta. Outra experiência parecida acontece em alguns estados dos Estados Unidos, o The Friendship Bench. Trata-se de bancos colocados nas escolas, onde acontecem conversas de aluno para aluno sobre saúde mental. Em ambas as propostas, não se prescinde do cuidado dos especialistas nos casos mais graves, mas nota-se a importância de ampliar os espaços de escuta e cuidados em saúde mental realizados por leigos e/ou profissionais de saúde e educação não ligados à área "psi".

No Brasil, o exemplo mais concreto é o da Terapia Comunitária Integrativa, criada e divulgada pelo psiquiatra e antropólogo Adalberto Barreto, que teve sua origem em comunidades do Ceará e cuja proposta é a de formar pessoas da comunidade e profissionais de saúde para uma escuta ativa e cuidados em saúde mental.

Um desafio que enfrentamos é a construção de redes de cuidados para pessoas em sofrimento mental, que integre as esferas da educação, saúde, assistência social, segurança e sociedade civil. A integração dessa rede poderá fortalecer a *expertise* dos serviços, bem como compartilhar o cuidado, que é uma das estratégias já citadas.

Segundo Merhy e Cecílio (2002, p. 11), "o cuidado acontece por ações e procedimentos *a priori* desqualificados e 'por partes' fragmentados pelos diversos saberes e práticas profissionais nos diversos saberes". Além disso, ainda de acordo com os autores, "as produções e atos de saúde podem ser simplesmente 'centradas nos procedimentos' e nos interesses da organização em si, e não nas necessidades de saúde dos 'usuários' [...] e, para os processos de produção do cuidado, são necessários procedimentos, atos, ações para o cuidado e produção de saúde".

Na escola

Na educação, o processo de construção de conhecimento e o cuidado em saúde não são novidade. Por meio da Lei de Diretrizes e Bases da Educação (LDB) – Lei n.º 13.415/2017, e suas alterações, e do Programa Saúde na Escola (PSE) – Portaria Interministerial n.º 1.055/2017, foram definidas doze ações que devem ser realizadas pelas escolas, incluindo a prevenção de violência e acidentes.

Uma vez que o suicídio é classificado pelas políticas públicas de saúde como caso de violência de notificação compulsória, é necessária a formação de educadores e profissionais que atuam na escola para identificar, acolher e – por que não? – cuidar dos alunos de forma preventiva e precoce.

No entanto, podemos acolher qualquer pessoa em sofrimento, independentemente de *expertise* ou formação. Mesmo sem qualificação específica, embora necessária, não se exclui a possibilidade de a escola propiciar espaços de acolhimento, escuta e ações preventivas ao suicídio.

É de fundamental importância que tanto os professores como a escola não estejam sozinhos na construção e elaboração de estratégias de cuidado às pessoas em sofrimento mental, que possam estabelecer uma rede de cuidados que inclua a instituição, os serviços de saúde e a comunidade.

A escola é um espaço muito potente para a elaboração de projetos estruturados e conjuntos para a prevenção e posvencão aos suicídios. Diante disso, ela precisa identificar pessoas que possam contribuir na construção desse projeto. Algumas perguntas podem ser feitas:

- A escola tem capacidade de prevenir o suicídio entre estudantes e responder aos suicídios que possam ocorrer?
- A escola tem capacidade de pensar estratégias que podem ajudar alunos em risco de suicídio?
- A escola possui recursos e ferramentas para lidar com o suicídio de um aluno ou outro membro da comunidade escolar?
- A escola está disponível para inserir em sua grade educacional ações de prevenção ao suicídio em atividades que cumpram outros aspectos de sua missão, como prevenir o uso abusivo de álcool e outras drogas, discussão sobre gênero, violência, etc.?

Também como estratégia para elaboração de projetos institucionais, a escola precisa ter o entendimento de que o suicídio é um fenômeno presente na sociedade como um todo, inclusive nela própria – embora muitas escolas não estejam preparadas para esse fato. É necessário que todas elas e seus profissionais façam uma agenda e um planejamento de como lidar com essa demanda.

Alguns protocolos sugeridos

1. **Protocolo para ajudar alunos em risco de suicídio, incluindo:**
   - Protocolo para ajudar alunos e profissionais da escola que podem estar em risco de suicídio.
   - Protocolo para ajudar alunos e profissionais da escola que tentaram o suicídio.

- Estabelecer e formalizar rede de apoio e cuidados em saúde mental para os alunos em situação de risco.

② Protocolo para responder à morte por suicídio, incluindo:

- Passos e ações a serem tomadas após o suicídio de um aluno ou outro profissional da comunidade escolar, incluindo alunos cujos familiares foram vítimas de suicídio.
- Possuir uma equipe que possa acolher e cuidar da pessoa acometida por uma situação de óbito por suicídio, que não necessariamente precisa ser um psicólogo.
- Estabelecer e formalizar uma rede de apoio e cuidados em saúde mental para os alunos em situação de risco.
- Estabelecimento de rotina de acompanhamento de casos.

③ Formação e capacitação da equipe, incluindo:

- Informações sobre a importância da prevenção ao suicídio para profissionais da escola e alunos.
- Capacitação para todos os profissionais da escola de como reconhecer, identificar e responder aos alunos que possam estar em risco de suicídio.
- Capacitação da equipe sobre como proceder, avaliar, encaminhar e acompanhar em caso de identificação de um aluno em risco de suicídio.
- Formulação de atividades e aprimoramento de recursos técnicos e operacionais para o manejo de casos.

④ Educação e formação para pais, incluindo:

- Informações e orientações aos pais sobre prevenção ao suicídio.
- Definição de estratégias para envolvimento dos pais em projetos de prevenção.

- Em situações de óbitos, inclusão de familiares e experiência vivida em projetos de formação e educação na prevenção ao suicídio e processos autodestrutivos.

5) **Educação e inclusão de alunos, incluindo:**
- Informações e orientações aos alunos sobre prevenção ao suicídio.
- Definição de estratégias para envolvimento dos alunos em projetos de prevenção e cuidados em saúde mental.
- Espaços de trocas e construções coletivas entre alunos, escola, famílias e comunidade para projetos de prevenção ao suicídio.

Espaço de fala

Onde posso falar? Com quem posso falar? Quais espaços de fala você tem hoje? Você também está disponível para ouvir?

Queria deixar aqui essas perguntas finais para reflexão. Cada vez mais os espaços de fala e o número de pessoas que possam acolher a fala se reduzem. E a fala e a escuta são um importante gesto de acolhimento preventivo, fundamental para qualquer ação em saúde pública e na educação.

Tomo mais uma vez emprestada uma declaração da psicóloga Karina Okajima Fukumitsu (2019a, p.25-26):

> Dei-me conta de que é exatamente a confusão entre ação e efeito que ilustra algumas das dificuldades que enfrento no desenvolvimento de ações para prevenção do suicídio. Agir não deve ter o mesmo significado de efeito, até porque, quando agimos, não temos sequer controle do efeito de nossas ações, por isso acredito que a prevenção deva ser prática diária.

E essa prática, permito-me fazer um complemento, deve estar na rotina de familiares, profissionais de saúde, educação, da sociedade, permitindo, assim, transformar o desconhecimento em conhecimento e a dor em acolhida. Temos de reforçar a lógica e a prática de um processo de acolhimento ao sofrimento psíquico, por meio de uma escuta qualificada; de ferramentas e instrumentos de apoio para ampliar e aprimorar essa escuta; do fortalecimento dos vínculos para os processos terapêuticos; da criação e ampliação de espaços de cuidado; do cuidado em saúde mental e da desmistificação da doença mental; de pesquisas, formação e qualificação profissional; da criatividade para construção de novos *modi operandi*; da formação em serviço; da criação e desenvolvimento de tecnologias e do uso da informação como ferramenta de planejamento.

Não pretendo com isso dizer que seremos a tábua de salvação para todos os casos de suicídio e processos autodestrutivos. Não evitaremos todas as mortes, muitas delas poderão ocorrer, pois, como costumo dizer: o suicídio pode ser uma opção para o sofrimento psíquico, mas não precisa ser uma escolha.

Minha prática em saúde mental mudou significativamente quando comecei a entender que esse cuidado precisa estar pautado pela ética e pela compreensão de que toda pessoa tem sua história de vida e suas marcas, e de que temos de ser facilitadores, que transformam dores em possibilidade de acolhimento e cuidado, de espaço e fala.

E, assim como nós na área de saúde temos de desenvolver uma clínica integrativa, efetiva e afetiva, escolas e professores também têm o desafio de buscar formas e recursos para aproximar-se dos alunos que possam estar em sofrimento e para os quais o suicídio se apresenta como uma forma de aliviar a dor. E, para isso, precisamos todos exercitar cada vez mais nossa capacidade de escuta e empatia.

Foto: Freepik

CAPÍTULO 9

Os impactos da tecnologia

A década de 1990 foi marcada por uma revolução tecnológica, período em que a internet ganhou força e o surgimento de diversos recursos associados a ela modificaram, e muito, nossa maneira de produzir e de nos comunicar.

    Telefones celulares tornaram possível que nos conectássemos em movimento, inclusive fora de casa, e, com o advento das mensagens de texto, passamos a poder fazer contato com pessoas distantes estando no ônibus, na fila do banco e até mesmo enquanto assistimos a um filme no cinema ou almoçamos... No mesmo período, começamos a utilizar redes sociais, e-mails e a buscar informação em *websites* como o Google. O que presenciamos, a partir de então, foi uma disponibilidade cada vez maior de ferramentas e aplicativos em telefones celulares, fator preponderante para que chegássemos ao cenário atual, em que o uso dos aparelhos móveis cresce no que tange à utilização da internet, enquanto o dos computadores se reduz.

    Segundo a Pesquisa Nacional por Amostras de Domicílios Contínua (PNAD Contínua, IBGE), 81% da população brasileira acima de 10 anos possui celular, e a utilização da internet vem crescendo, passando de 74,7% em 2018 para 78,3% um ano depois – o que representa 143,5 milhões de pessoas. Esse módulo da pesquisa, conhecido como Tecnologia da Informação e Comunicação (TIC), identificou também que, embora o uso da internet venha numa curva ascendente nos últimos anos, 39,8 milhões de pessoas, mesmo com acesso, não a utilizaram, tendo 43,8% argumentado que não sabiam como fazê-lo. Outra parcela de brasileiros afirmou não conhecer a rede devido ao valor alto do serviço ou do equipamento para navegar.

A finalidade do uso da internet mais relatada pela população brasileira é a troca de mensagens de texto, voz ou imagens por aplicativos, embora o uso seja também bastante frequente para conversas através de chamadas de voz ou vídeo e como um meio de se assistir a vídeos (incluindo programas, séries e filmes).

Por fim, é importantíssimo ressaltar que 35,2% dos estudantes da rede pública não têm telefone para uso pessoal, principalmente pelo alto custo do aparelho. Em escolas da região Norte, esse número sobe para 52,8%. Por outro lado, 92,6% dos alunos de escolas particulares dispõem de celular. Tal realidade, em um cenário em que a educação necessita de recursos ligados à rede para acontecer, é alarmante, apontando uma fonte de grande desigualdade.

Diante dessa realidade em rápida e constante transformação, reconhecemos que é impossível dar um veredicto sobre os efeitos da conectividade – nem é nossa intenção fazer uma abordagem definitiva. Queremos, isso sim, trazer informações sólidas, abrir o diálogo e apontar caminhos para auxiliar no processo de formação e desenvolvimento da criança e do jovem, dentro do que for o papel do educador.

Tendo isso em mente, destacamos duas situações bastante relevantes e frequentes – uma que diz mais respeito aos estudantes e outra, aos pais –, e discutimos suas implicações: os jogos eletrônicos e os grupos de WhatsApp. Os casos são comentados pelos autores do livro, a psicopedagoga Alcione Marques e psiquiatra da infância e da adolescência, Gustavo M. Estanislau.

CASO 1

Relato de um coordenador pedagógico

"Os familiares de Marcelo, de 12 anos, foram chamados à escola, pois ele vinha chegando atrasado ou faltando à aula com frequência, além de estar apresentando, nos últimos meses, um rendimento bem abaixo do que costumava apresentar. Na conversa com a direção, a mãe disse acreditar que esse comportamento se devia ao fato de o menino ficar conectado demais ao computador. Disse que ele passava boa parte do tempo jogando Fortnite e, quando não estava jogando, assistia a vídeos sobre o jogo, no celular. Além disso, Marcelo vinha se negando a sair de casa, mesmo para ir à casa dos primos, programa de que ele costumava gostar bastante. Um dia em que não queria dormir – o que vem acontecendo diariamente –, seu irmão mais velho desligou o jogo sem sua permissão e ele teve um ataque de raiva, quebrando um brinquedo da irmã menor."

1 É possível fazer um uso saudável dos jogos eletrônicos?
GUSTAVO M. ESTANISLAU - Os jogos eletrônicos são uma das atividades de lazer mais comuns nos dias de hoje. Frequentemente, seu uso é recreativo, uma brincadeira prazerosa com uma série de recursos interessantes e que pode ser uma alternativa divertida para a rotina da família. Além disso, existem, atualmente, aplicações para seu uso na área da saúde, como na reabilitação de determinados quadros neurológicos e na estimulação de funções cognitivas. Porém, ao longo dos anos, esse hábito passou a ser associado também a situações problemáticas.

A primeira menção de "uso excessivo de internet e videogame" como uma possibilidade de transtorno aconteceu em 1995 e, de lá para cá, tal prática, quando excessiva, passou a ser cada vez mais vista com preocupação pela comunidade científica. Porém, o campo de estudo está longe de ser consensual e vem sendo palco de debates acalorados. Os órgãos de classificação nosológica justificam a necessidade de inclusão do diagnóstico, pois, a partir disso, o fenômeno tende a ser mais valorizado do ponto de vista de pesquisa em busca de estratégias de prevenção e tratamento. Assim, em 2018, a Organização Mundial da Saúde classificou o transtorno associado aos jogos eletrônicos, ou *gaming disorder*, como um transtorno com base no consenso de especialistas (WHO, 2019). Porém, tal proposição segue sendo questionada por uma série de fatores, entre eles a transposição de critérios de dependência de substâncias para o consumo de games (o que nem sempre se aplica de forma coerente), os instrumentos diagnósticos que vêm sendo utilizados e a análise dos dados.

Há também um debate sobre se o uso excessivo de jogos eletrônicos deve ser considerado um diagnóstico ou um padrão de comportamento. Existem indícios de que os estímulos que "competem" com os jogos (ou a falta deles) são as circunstâncias que acabam definindo quanto tempo a pessoa vai ficar jogando (McSweeney; Murphy; Kowal, 2001). Partindo desse ponto, reduzir as brigas em casa, incentivar a criança a realizar atividades estimulantes e ao convívio social podem ser "antídotos" para o problema (Griffiths; Meredith, 2009).

ALCIONE MARQUES – Os jogos eletrônicos foram incorporados à vida de muitas crianças, jovens e adultos nos últimos anos, e isso é algo que veio para ficar. Como toda interação virtual, os jogos também precisam de um uso racional, de forma a não comprometer outras atividades importantes nem se tornar um uso exagerado, podendo gerar prejuízos. No caso de crianças e adolescentes, a família precisa saber que terá de regular esse uso, criando regras claras, já que eles não têm a capacidade de autorregular-se ainda desenvolvida.

Os videogames podem se tornar uma atividade de diversão também em família. É importante que os pais ou responsáveis, mesmo que não joguem com os filhos, procurem saber sobre como o jogo funciona, objetivos, desafios, enredo, etc. Crianças e adolescentes gostam muito de compartilhar sua experiência com os jogos, e esse interesse dos pais, além de aproximá-los das crianças, ajuda a deixá-los informados se as dinâmicas dos jogos são adequadas à faixa etária.

Da mesma forma, a escola precisa incluir os jogos eletrônicos como tema transversal, parte da educação para uso das tecnologias digitais que tem de estar presente na escola. Para isso, é importante que educadores revejam suas concepções sobre os videogames, evitando condenar os jogos *a priori* e buscando informar-se sobre os jogos mais populares. Fazer discussões sobre os jogos de preferência dos estudantes, levá-los a refletir sobre habilidades que o jogo estimula e eventuais prejuízos que pode causar faz com que crianças e adolescentes possam desenvolver um pensamento mais crítico sobre eles. Alguns jogos colaborativos podem ser usados para gerar maior integração entre os estudantes da escola, podendo ser organizados campeonatos entre diferentes grupos. No ensino médio, é interessante também discutir sobre as atividades profissionais ligadas ao desenvolvimento de jogos, o que traz maior conhecimentos sobre áreas do trabalho que podem no futuro ser uma opção para os estudantes.

2 Os jogos eletrônicos podem influenciar o comportamento do usuário no mundo real, tornando-o, por exemplo, mais agressivo?

GUSTAVO M. ESTANISLAU – Atualmente, há muita controvérsia sobre esse tópico, e o debate é importante porque mais da metade dos jogos disponíveis no mercado apresenta conteúdo violento. A grande maioria dos estudos demonstra que jogos de conteúdo agressivo podem gerar agressividade e menor comportamento de auxílio ao outro, menor sensibilidade a atos violentos e menor expressão de empatia; porém, o que vem se defendendo é que esse fenômeno seria transitório e que não se refletiria no mundo real.

Até então, uma meta-análise (que é um conjunto de diversos artigos publicados) aponta que crianças menores, com menor senso crítico, tendem a ficar mais confusas com informações do jogo, podendo ser mais influenciáveis por seu conteúdo, enquanto adolescentes apresentam uma tendência menor. Por outro lado, de acordo com o nível de excitabilidade do jogo, todos se sentem mais alertas e reativos, o que não necessariamente irá se transformar em um comportamento violento, e sim em comportamentos mais energéticos e maior dificuldade para se concentrar ou relaxar.

Um dos mais bem desenhados estudos longitudinais sugere que um padrão de agressividade é mais provável em pessoas que jogam constantemente ao longo dos anos, mesmo que de forma moderada. Assim, pessoas que jogam muito em um determinado momento da vida apresentariam menor risco.

3 **Como os jogos eletrônicos se relacionam com problemas de saúde mental e transtornos mentais?**

GUSTAVO M. ESTANISLAU - Infelizmente, no Brasil, ainda não existe estudo de base populacional que avalie a influência dos jogos eletrônicos na saúde ou comportamento dos jovens. Porém, ao redor do mundo, pesquisadores têm avaliado a associação entre transtornos mentais e o uso excessivo de videogames; e, embora exista controvérsia, a depressão, a ansiedade social, o autismo e o TDAH vêm sendo identificados com mais frequência. Segundo estudos, pessoas mais introvertidas ou mais desorganizadas também apresentam maior risco de apresentar um padrão de uso excessivo de games. A correlação é até esperada, já que os jogos eletrônicos são desenvolvidos para gerar estímulos intensos, rápidos e contínuos em um ambiente socialmente isolado e que permite que a pessoa se isole de seus problemas internos ou externos. Até o momento, não se tem certeza se essas condições são causadas ou agravadas pelo uso excessivo dos jogos ou se elas provocam esse padrão desenfreado, mas, quanto mais uma coisa acontece, mais ela reforça a outra.

4 Qual o impacto dos jogos sobre a aprendizagem?
ALCIONE MARQUES - Aqui precisaríamos falar de diversos aspectos e refletir sobre algumas variáveis, mas procurarei responder de maneira sucinta, abrangendo algumas circunstâncias diferentes.

Considerando o jogo recreativo, que o estudante joga em casa, se ele estiver inserido em uma rotina saudável – ou seja, em um tempo limitado considerando-se a idade, com regras que impeçam que deixe de fazer as tarefas escolares, estudar, se envolver em atividades físicas e sociais –, não haverá prejuízo à aprendizagem, podendo, dependendo do jogo, inclusive favorecer certas habilidades cognitivas relacionadas à atividade acadêmica. No entanto, se o uso do videogame é exagerado ou descontrolado, comprometendo o tempo que deveria ser dedicado aos estudos ou ao sono, pode haver impacto negativo na aprendizagem.

Outro contexto que vale abordar é o uso do videogame como ferramenta de aprendizagem pela escola, com jogos direcionados para o ensino de determinadas habilidades ou de conteúdos específicos. Embora ainda não seja uma prática muito disseminada nas escolas brasileiras, alguns estudos mostram que, se bem aplicada e integrada a outras ações pedagógicas, o videogame pode aumentar a motivação e o engajamento, além de propor desafios que estimulam habilidades importantes para o aprendizado.

"Todos os meus amigos jogam"

A evolução tecnológica tem influenciado intensamente nossa forma de viver, e seus desdobramentos – positivos ou nem tanto – vêm sendo motivo de interesse da população em geral e da comunidade científica. Atualmente, uma série de linhas de pesquisa estão sendo desenvolvidas para analisar o impacto de atividades vinculadas à internet na saúde e no comportamento de jovens e adultos. De particular importância, são os estudos com o enfoque na utilização das mídias sociais e dos jogos eletrônicos.

Inicialmente, é necessário saber que, para termos conclusões consistentes a respeito do verdadeiro impacto dessas atividades no funcionamento geral das pessoas, precisamos de estudos *longitudinais*, em que os indivíduos que participam da pesquisa são acompanhados desde muito pequenos e por longos períodos. Isso permite que os pesquisadores possam, com mais propriedade, eliminar, em suas análises, fatores que criem confusão ao se buscarem as consequências do uso excessivo de jogos ou mídias sociais, especificamente. Nesse contexto, é importante destacar que tais estudos ainda não foram concluídos, portanto não temos dados robustos que possam servir de sustentação para defendermos o uso quase indiscriminado de tais tecnologias, principalmente por crianças menores. Isso deveria causar um grande desconforto, pois o que tem guiado adultos na questão dos videogames é uma noção de "senso comum" ("já que todos estão jogando ou passando um tempo considerável nas mídias sociais, acho que não há problema em permitir que meu filho jogue também") em um momento em que não existe um consenso. Em consequência disso, pais e cuidadores geralmente se posicionam de forma pouco convicta quando questionados por seus filhos do porquê de imporem alguma limitação a esse hábito, já que "todos os outros amigos têm sido liberados".

O que se tem, até o momento, são dados que não permitem conclusões definitivas, até porque existe uma forte pressão das companhias que lucram com tais aplicativos e jogos para realizarem pesquisas potencialmente tendenciosas, que acabam gerando confusão. Certas pesquisas salientam os benefícios cognitivos do uso de jogos eletrônicos, frequentemente não considerando os prejuízos que são acarretados com o afastamento da criança do seu meio de convivência. Um leitor inadvertido pode se ater à informação associada ao benefício (o que sustenta a fala de pessoas que defendem a "liberação" do uso e a não conscientização dos riscos desse tipo de atividade) e não identificar todas as outras consequências.

Uma crítica bastante interessante ao uso das tecnologias é que a quantidade de informações disponíveis na internet gera a falsa ideia de que as crianças e adolescentes vêm se tornando mais inteligentes. Conhecido como "Efeito Flynn", refere-se aos ganhos nas medidas de inteligência que aconteceram, até então, na população mundial. Apesar disso, estamos vivendo um momento em que a geração atual será a primeira a se contrapor a esse movimento, transformando-se na primeira em que o coeficiente intelectual (QI) de crianças serão menores do que o de seus pais. Esse cenário é amplamente debatido no trabalho do neurocientista Michel Desmurget, particularmente em seu livro *A fábrica de cretinos digitais*. Uma das interpretações para tal contradição — em que mais informação disponível não suscita um aumento de tais índices — é a de que informação não é conhecimento. O conhecimento depende da contextualização e da aplicação do que se aprende; informações, muitas vezes, se dissipam e se confundem facilmente.

A relação entre os jogos eletrônicos e o cérebro

Estudos de neuroimagem demonstraram que os jogos eletrônicos são processados pelo cérebro de forma a estimular o sistema de recompensa cerebral, que, por sua vez, desencadeia quantidades significativas do neurotransmissor dopamina, que é associado à sensação de prazer e à vontade de querer continuar jogando ou voltar a jogar quando não se está fazendo isso. Tais estudos demonstram que pessoas que jogam de forma excessiva tendem a apresentar um aumento nessa estrutura cerebral, o que poderia estar associado à dependência (LORENZ *et al.*, 2015).

Por que os jogos são tão atraentes

Os jogos eletrônicos, ao longo do tempo, deixaram de ser uma atividade preferencial de crianças e adolescentes do sexo masculino.

Nos últimos anos, a faixa etária que mais cresce em termos de horas jogadas é a dos 30 anos, e a subdivisão entre homens e mulheres jogando é cada vez mais igualitária (Esa, 2015).

Essa mudança no perfil do usuário, em alguma medida, pode estar relacionada aos recursos, cada vez mais sofisticados, de que a indústria de entretenimento dispõe para manter o engajamento e fazer com que se retorne ao jogo sempre que possível. Entre as estratégias conhecidas para isso estão:

1 Conquista de itens e outras formas de "recompensa"

Além de acessíveis (para jogar a maioria, basta ter acesso à internet), os jogos eletrônicos apresentam dificuldades graduais, são muitas vezes superestimulantes – impedindo que o jogador o largue no começo e passando uma sensação de competência ao longo do tempo – e altamente recompensadores, se comparados a outras atividades do dia a dia (Chin et al., 2008).

O sistema de recompensas num jogo é meticulosamente pensado: se elas forem muito frequentes, verifica-se perda de engajamento; se pouco frequentes, muitas vezes estão associadas com um aumento no ímpeto do jogador de fazer compras *on-line*, como uma forma de compensação. Nos *games*, é comum que as recompensas, como um suprimento para que a pessoa não morra no jogo, troféus, itens desbloqueados, etc., passem, ao longo da partida, a surgir de forma mais espaçada e imprevisível, criando tensão e dificuldade de se desconectar. Outra maneira conhecida de manter a pessoa conectada é o uso do sistema de Stamina, ou seja, quando o personagem pode, num intervalo de tempo, atuar de forma mais forte ou mais veloz, por exemplo, geralmente de forma inesperada, fazendo com que o usuário não queira deixar o jogo.

Existem indícios de que recompensas que demoram mais tempo para serem conquistadas, como "zerar" o jogo ou ganhar troféus, são as mais associadas à jogabilidade problemática. Estudos mostram que, mesmo quando não têm valor no mundo real, os itens (roupas, armas, meios de transporte) ou moedas (sistema monetário do jogo) são tão desejados quanto estímulos reais.

Quando se trata de crianças e jovens, que muitas vezes têm suas necessidades atendidas por outras pessoas e não têm grandes distrações em casa, a chance de se excederem no uso do *game* é grande. Se o nível de recompensa que o jogo proporciona é intenso o suficiente, eles podem vir a não querer perder tempo, inclusive para algumas necessidades básicas, como comer, dormir ou ir ao banheiro (Brunborg, 2013; Bavelier *et al.*, 2011; Kuss; Griffiths, 2012).

Independentemente da forma como é construído, no final das contas, a conquista e a sensação de prazer são os principais motivos que levam as pessoas aos jogos eletrônicos (Ferguson; Olson, 2013; Ferguson *et al.*, 2010).

2 Experiência sensorial

O realismo cada vez maior das imagens, a qualidade do som, a velocidade do jogo, entre outros aspectos, fazem a experiência ser, a cada ano, mais imersiva.

3 Atenção social

A interatividade dos jogos permitiu que as pessoas passassem a receber atenção em um ambiente considerado, por aquelas que são tímidas, mais fácil de interagir (King; Delfabbro, 2014). Isso aumentou bastante o engajamento, com pessoas se organizando para jogar em determinados horários e muitas se sentindo mobilizadas pela vontade de fazer parte de um grupo. Além disso, nos jogos, a pessoa pode vir a ter um reconhecimento dos amigos por uma habilidade que não se aplica na vida real. Tais nuances podem desenvolver uma preferência pelo mundo virtual, o que pode acarretar afastamento de amigos, família, escola ou atividades das quais antes fazia parte (Elliott *et al.*, 2012; Frolik, 2010).

4 Fuga ou evitação

Associa-se aos jogos a redução de sentimentos e pensamentos desconfortáveis ou desafios. Pessoas que jogam jogos eletrônicos podem referir redução da ansiedade na interação com os outros ou alívio por se desconectar de situações estressantes em casa ou problemas na escola (como *bullying* e uma dificuldade de aprendizagem) quando estão jogando (BRUNBORG, 2013; FERGUSON *et al.*, 2010). Além disso, a evitação do tédio tem sido um dos principais fatores que levam alguém a jogar com mais frequência (SPEKMAN *et al.*, 2013; BELLACK; HERSEN, 1998).

Estratégias para prevenir e reduzir o uso excessivo de jogos eletrônicos

O aspecto-chave na orientação para adultos auxiliarem os mais jovens a utilizar os jogos eletrônicos sem prejuízos é o tempo de tela. Basicamente, o que se deve buscar é que haja equilíbrio entre essa atividade e outras no dia a dia. Quando o jogo passa a atrapalhar atividades como sentar-se à mesa para uma refeição, ir à escola, dormir ou participar de programas em família, podemos estar nos deparando com algum risco.

É importante que se saiba que, ao impor limites de tempo, é comum que o jovem apresente uma piora no comportamento – mas apenas por certo tempo. Isso acontece porque, ao longo da vida, ele talvez tenha sido atendido quando agiu assim. Não ceder permite que, em algum tempo, ele se adapte à proposta. Se, o adulto reconsiderar ao perceber que o jovem está mais irritado, desanimado ou apático, é provável que fique cada vez mais complicado estabelecer algum tipo de limite.

A Academia Americana de Pediatria sugere, em seu Plano de Mídia da Família, que o tempo seja limitado de acordo com a idade da criança, seu nível de desenvolvimento, sua maturidade emocional e capacidade de responsabilidade comportamental.

Algumas orientações

- O jogo deve ser considerado um privilégio e não um direito.
- Combinados em que se determina quanto tempo de jogo pode ser perdido ou ganho devem ser estabelecidos previamente. É possível, por exemplo, determinar essas "trocas" de acordo com o comportamento ou a realização de tarefas de casa ou da escola. Além disso, podem fazer parte do combinado: não falar palavrões, levantar a voz, ser agressivo com as coisas ou as pessoas enquanto se joga, assim como relatar quando alguém lhe fala coisas que o deixam desconfortável (em jogos *on-line*). Passar informações pessoais para as pessoas *on-line* só deve acontecer com permissão dos pais.
- É muito importante que os cuidadores estejam envolvidos com a criança, seja jogando e estabelecendo um modelo para parar de jogar nos horários estipulados, seja praticando uma atividade pela qual ela tenha interesse (estimulando assim a manutenção do gosto pelo mundo "real"), seja compreendendo como funciona a dinâmica do jogo e com quem se está interagindo.
- Jogos não devem ser permitidos à mesa e devem ser desaconselhados durante atividades que demandem interação. Os adultos devem seguir a mesma orientação, mesmo que lhes seja complicado nos dias de hoje.
- Compras feitas no jogo devem ser informadas aos responsáveis e discutidas antes, e não durante o jogo, para evitar maior exaltação e dificuldade de lidar com frustração.
- Propor atividades que sejam significativas e acessíveis para o jovem (como dançar ou praticar um esporte) e reconhecidas/validadas por pessoas de quem ele gosta é uma forma de reduzir o tédio e o valor incondicional do jogo eletrônico (Bellack; Hersen, 1998).
- Estudos demonstram que pais que utilizam uma abordagem de estar mais presentes enquanto os filhos jogam, em vez

de apenas surgirem para contestar, tendem a ter melhores resultados ao solicitarem paradas no jogo (Jackson, 2011; Subramaniam, 2014).
- Como já foi dito, jogos eletrônicos podem ser uma fuga para o estresse dentro de casa. Buscar formas de reduzir conflitos pode ser a saída para a redução do jogo excessivo (Metcalf, 2011).
- Atividades práticas, que demandem esforço consciente, reduzem muito a vontade de ligar o aparelho eletrônico para jogar, que é muito mais comum quando a pessoa não se sente engajada em outra coisa (Elliott *et al.*, 2012; Bavelier *et al.*, 2011).
- Colocar o computador ou o videogame em uma área comum da casa, como uma sala, e não no quarto, reduz, comprovadamente, o tempo de jogo (Kuss; Griffiths, 2012).
- Fazer atividades fora de casa reduzem bastante a vontade de jogar.
- Estabelecer prazos de forma clara e combinada, que sejam cumpridos de forma intransponível, é uma estratégia eficiente, mas desafiadora quando o jogo não pode ser pausado ou é jogado em grupo. Nesses casos, a pessoa se sente cobrada pelo grupo, gerando mais tensão (Yau; Potenza, 2014).
- À medida que vão se isolando, as pessoas tendem a identificar a socialização no mundo real como algo cada vez menos recompensadora. É importante que se evite que isso ocorra. Nesse caso, iniciar a estimulação com pessoas que sejam mais acolhedoras ou mais interessantes tende a obter melhores resultados (Eichenbaum *et al.*, 2014; Chin *et al.*, 2008).
- Elogiar conquistas no mundo real, criando a percepção de que a pessoa pode ser competente fora do mundo virtual também (O'neill *et al.*, 1997). O estímulo ao

desenvolvimento de habilidades sociais e de estratégias para lidar com problemas e desafios é muito importante (FERGUSON; OLSON, 2013), assim como ajudar a pessoa a criar ou perceber que ela tem uma rede de suporte. Ainda nesse sentido, auxiliar a pessoa a estabelecer metas que sejam alcançáveis e parâmetros de cobrança interna que sejam razoáveis é fundamental.

CASO 2

Relato de uma gestora escolar

"Pais e mães de estudantes de uma turma de 7º ano resolveram fazer um grupo no WhatsApp com a finalidade de trocar informações que pudessem ser pertinentes ao bom andamento do ano letivo. Inicialmente, o que se percebia é que algumas pessoas interagiam mais prontamente, o que causava certo desconforto por parecerem mais 'presentes', enquanto os demais eram considerados relapsos com seus filhos. Apesar disso, tudo ia bem, até que uma das mães começou a questionar o comportamento de um aluno, o qual considerava 'prejudicial' para a turma. Os responsáveis pelo menino não faziam parte do grupo, nem a professora. Em determinado momento, a postura da professora e da escola passou a ser considerada negligente por alguns, embora houvesse uma forte discordância de outros. Certo dia, a professora foi inserida no grupo sem aviso prévio, instalando-se uma situação constrangedora e caótica, em que alguns membros a insultaram enquanto outros a defenderam. Por fim, o grupo foi parcialmente desfeito após a saída da professora."

1 **Quais são os benefícios do uso de aplicativos de troca de mensagens no contexto escolar?**

GUSTAVO ESTANISLAU - Esses aplicativos são ferramentas de comunicação poderosas entre alunos, pais e escola/professores e, se usados de forma adequada, podem trazer muitos benefícios para a comunicação e, inclusive, reduzir o tempo gasto com tarefas secundárias à atividade docente – uma queixa importante dos educadores. Nesse ponto, um dos cuidados que se podem ter para que o efeito não seja reverso é o de entregar ao professor um chip da escola com um número exclusivo para o grupo com os pais. Assim, ele pode desligar o telefone em horários de descanso. Além disso, atualmente, algumas escolas têm se utilizado de plataformas específicas de contato com os pais, o que reduziu a necessidade de grupos de WhatsApp, por exemplo.

Mas, independentemente da plataforma usada, algumas vantagens que eu destacaria são: agilizar a comunicação entre pais e professores quando necessário, como em imprevistos; oferecer um espaço para comunicados importantes, como passeios ou outros tipos de eventos significativos, e para compartilhamento de conteúdos (envio de links, vídeos, fotos, etc.); possibilitar a interação social, aproximando o grupo. Além disso, essas ferramentas, que em alguns casos acabam sendo o único recurso de interação entre pais ou cuidadores, podem também contribuir para uma maior colaboração entre eles, como quando alguns integrantes se colocam à disposição de outro que está passando por uma dificuldade de saúde.

ALCIONE MARQUES - É inegável que os aplicativos de troca de mensagens têm um potencial incrível de agilizar a comunicação entre educador e estudante, entre educador e gestor, entre escola e família, entre os estudantes e entre as famílias. Além das vantagens já apresentadas pelo Gustavo, eu incluiria a facilitação no compartilhamento de materiais pedagógicos, a colaboração entre os estudantes para o aprendizado, para desenvolver trabalhos em equipe e mesmo entre a equipe pedagógica e a gestão, favorecendo a circulação de informações e de acontecimentos relevantes para o bom funcionamento da escola.

2 **Como a comunicação *on-line* afeta a dinâmica das relações com a escola fora da tela?**

GUSTAVO ESTANISLAU - Ao mesmo tempo que temos os benefícios da formação de grupos no sentido de nos fortalecermos como comunidade, as dinâmicas de grupo também podem ser altamente destrutivas, quando não ponderadas.

Em um contexto presencial, frequentemente utilizamos como referência a situação em que estamos para nos comunicar. Olhar uma pessoa nos olhos ou estar em grupo ou a sós com alguém influencia nossa atitude. A sensação de confidencialidade/segurança ou de relativa privacidade no ambiente virtual pode acabar levando a tomadas de risco maior.

Tendo esses desafios em vista, grupos de WhatsApp entre pais e professores podem gerar uma série de contratempos, entre eles, conflitos entre os indivíduos no grupo, sobrecarga de mensagens, o grupo se transformar de um canal de comunicação a um canal de reclamação.

ALCIONE MARQUES - É necessário que a gestão discuta com os educadores as maneiras como essas comunicações devem acontecer. Conheço escolas que restringem a comunicação entre educadores, estudantes e família a e-mails, não permitindo que ela se dê com o uso de aplicativos instantâneos de mensagens, como WhatsApp e Telegram. Não há certo ou errado, mas é uma escolha que a escola tem de fazer de maneira refletida. No caso de se optar pelo uso dos aplicativos de mensagens, é necessário estabelecer se o professor usará seu número particular ou se terá um número exclusivo para se comunicar com estudantes e famílias, o horário em que ele deve estar disponível, quais assuntos serão tratados e a forma de linguagem. São questões que exigem uma discussão prévia e uma definição em conjunto entre a gestão e os educadores da escola. Caso o uso desses canais não seja bem organizado, os professores podem se sentir pressionados a trabalhar fora do horário regular, envolver-se em temas que eventualmente demandariam a atuação de outras instâncias, além de diversas questões que podem ter reflexos negativos nas relações fora da tela (Erickson; Sammons-Lohse, 2021).

Os desafios da interação *on-line*

Aplicativos como WhatsApp e Telegram, através dos quais se podem enviar mensagens, fotos, vídeos e documentos para contatos individuais ou grupos, popularizaram-se no mundo todo. No Brasil, o WhatsApp é a ferramenta para troca de mensagens mais utilizada desde 2009, tendo se consolidado como uma alternativa ao SMS, cujo uso tinha um custo financeiro. Mais recentemente, grupos de pais, professores e alunos vêm crescendo exponencialmente no contexto escolar, gerando uma série de dúvidas. No que podem ser úteis? Existem parâmetros que devem ser estabelecidos? Nesta segunda parte do capítulo, abordaremos essas questões e compartilharemos alguns princípios de orientação para alunos que estejam iniciando essa prática comunicativa.

A interação social através da internet nos permitiu flexibilizar uma série de contextos, aproximando distâncias, poupando-nos tempo, etc. Mas estudos apontaram que ela pode ser negativa para a qualidade de vida se for excessiva. Em contrapartida, mesmo que por períodos curtos (um estudo avaliou o período de dez minutos), o contato face a face com pessoas queridas apresenta impactos positivos notáveis (Lee *et al.*, 2011), sugerindo que um tipo de interação deva ser complementar ao outro, em busca de equilíbrio.

Vieses da interação *on-line*

1 Tempo

Tempo excessivo em interações *on-line* nos afastam de encontros presenciais, que estimulam nosso circuito de recompensa cerebral, gerando prazer, e de experiências que promovem habilidades sociais, fundamentais para que o contato social aconteça de forma mais fluida. Além disso, o hábito de rolagem da tela, sem verdadeira interação com as ferramentas, está associado com a piora dos nossos níveis de bem-estar.

2 Comunicação do tipo ação-reação

Tal modo de interação, ao mesmo tempo que nos permite uma maior flexibilidade, leva-nos muitas vezes a responder uma mensagem de maneira intempestiva. No "mundo presencial", quando nos vemos em uma situação de conflito, na qual temos de nos posicionar ante alguém, temos sinalizadores da outra pessoa que nos dizem sobre seu estado emocional e sobre como ela percebe nossa comunicação, o que torna a interação dinâmica e pode fazer com que modifiquemos nosso comportamento, eventualmente favorecendo uma abordagem mais assertiva. No "mundo virtual", a resposta pode vir enquanto estamos "com a cabeça fervendo", sem nossa plena capacidade de filtrar o que gostaríamos de dizer e sem ter como avaliar momento a momento de que modo o outro está recebendo o que estamos dizendo, o que pode tornar nossa comunicação mais agressiva.

3 Comunicação superficial e sujeita a interpretações equivocadas

O diálogo tende a ser mais raso em termos de conteúdo e detalhes, e as trocas menos afetivas e ricas. A entonação do que falamos, os gestos e as feições que emitimos ao nos comunicarmos são fortemente suprimidos nesse tipo de contato, reforçando os riscos de confusão e distorção.

Falhas de sincronia também são comuns, já que as partes envolvidas não têm uma noção clara das condições em que se encontra a outra parte. Conversas podem ser interrompidas pela metade, respostas podem demorar a ser dadas – são muitas as possibilidades de quebra de ritmo. Tais situações podem gerar desconforto, pois cada pessoa tem uma relação com esse tipo de ferramenta, sem contar a maior ou menor facilidade e/ou acessibilidade.

Algumas orientações

- Primeiro, reflita se você se sente à vontade em criar um grupo. Se sim, defina se será interativo ou não. Grupos interativos demandam mais disposição.
- Estabeleça as regras do grupo e as comunique de forma assertiva e ao mesmo tempo gentil – esse é o pilar do bom andamento de um grupo com essa finalidade.
- Em grupos interativos, se o professor optar por responder aos pais quando solicitado, muitos se beneficiam ao se estabelecerem horários ou dias específicos para isso. Ressalte aos pais ou responsáveis que eles não devem esperar respostas em tempo real e que devem considerar e respeitar a disponibilidade do outro.
- Em comunicados, seja o mais claro e conciso possível.
- Não compartilhe conteúdos polêmicos como política, futebol ou religião, nem correntes ou propagandas.
- Tome cuidado para não fazer circular informações falsas.
- Nomear um dos pais como administrador do grupo junto ao professor pode ser interessante em alguns casos. Existem configurações que permitem mensagens somente dos administradores para grupos do WhatsApp. O grupo pode decidir se todos os participantes ou apenas os administradores poderão enviar mensagens dentro do grupo.

Esse recurso pode ajudar a reduzir mensagens indesejadas em grupos.
- Estabeleça quais seriam os horários adequados e inadequados para que mensagens sejam enviadas, evitando fins de semana e horários extraturno.
- Desencoraje os membros de tratar de assuntos particulares no grupo, a fim de reduzir o risco de dinâmicas potencialmente negativas.
- Solicite que assuntos relacionados ao desempenho (tarefas, provas, disciplina) do aluno sejam tratados presencialmente na escola com a equipe educacional.
- Compartilhe dicas de "etiqueta virtual", como não escrever em letras maiúsculas (algo visto como sinal de exaltação) nem usar palavras de baixo calão, e estabeleça limites: por exemplo, que mensagens ofensivas não serão permitidas, sob risco de o grupo ser automaticamente desfeito.
- Evite enviar mensagens se houver muita emoção envolvida. Muitas vezes, aguardar um pouco para escrever uma mensagem favorece que ela seja transmitida de forma muito mais adequada.

Orientações para crianças e adolescentes

- Incentive-os a desenvolverem regras iniciais, como pedir permissão para entrar e respeitar os limites dos grupos.
- Ressalte a importância de que se comuniquem apenas com contatos conhecidos. Use exemplos que sejam fáceis de ser entendidos: "Você não deve dar seu número para alguém que não conhece na rua. Alguém *on-line*, que você não conhece, é diferente?".
- Às vezes, as crianças podem se sentir pressionadas a sempre estarem *on-line* e a responderem às mensagens prontamente. Para reduzir essa pressão, auxilie-as a desativar os avisos de mensagens vistas e lidas pela última vez para que

as pessoas com as quais elas estão interagindo não saibam se elas leram uma mensagem. Encorajá-las a silenciar os bate-papos, se estiverem recebendo muitas notificações, também pode ajudar.

- Aconselhe-os a pensar duas vezes antes de encaminhar mensagens. Se eles não tiverem certeza de que a informação é verdadeira ou não souberem quem escreveu a mensagem, o encaminhamento não é recomendável. Lembre-os de que o que é postado *on-line* fica registrado e pode tomar proporções muito maiores do que se imagina.

- Converse com eles sobre as configurações de privacidade da ferramenta e chegue a um acordo sobre com quem podem falar. Você deve dizer-lhes que o avisem e mostrem sempre que receberem mensagem de alguém que não conhecem.

- Ajude-os a pensar sobre o que compartilham *on-line* e quem poderá ver o que está sendo veiculado. Compare com o que eles gostariam de compartilhar *off-line*. Ouça suas respostas e seja positivo e encorajador. Lembre-os de que não devem compartilhar informações privadas – principalmente quando existem desconhecidos ou pessoas das quais não se tem certeza da identidade no grupo –, como informações pessoais (nomes, e-mails, números de telefone, localização e nomes de escolas), informações pessoais de outras pessoas, *links* para entrar em bate-papos em grupos privados, fotos de si mesmos, fotos do corpo (como fotos ou vídeos sexuais). Lembre-os de que, quando compartilham uma mensagem escrita ou de voz, foto, vídeo ou qualquer outro arquivo no WhatsApp, a pessoa que o receber terá uma cópia dessas mensagens e poderá encaminhar ou compartilhá-las com outras pessoas, se assim desejar.

- Lembre-os de que podem falar com você se alguma coisa os incomodar. Tranquilize-os dizendo que, mesmo que eles não tenham seguido alguma orientação, você não vai exagerar na reação e causar algum outro embaraço ou exposição. Se

a criança receber mensagens desagradáveis ou negativas de outros usuários no WhatsApp, pode ser o caso de fazer uso de ferramentas de denúncia ou bloqueio.
- O WhatsApp possui um recurso de localização, que você só deve ativar e compartilhar com pessoas em quem confia.
- Pela configuração-padrão do aplicativo, qualquer pessoa, inclusive aquelas que não fazem parte de seus contatos telefônicos, pode adicioná-los a bate-papos em grupo sem aprovação prévia. Para evitar que isso ocorra, recomendamos alterar as configurações do bate-papo em grupo de "Todos" para "Meus contatos" ou "Meus contatos, exceto..." e usar o ícone de marca de seleção para selecionar todos os contatos. A opção "Meus contatos, exceto..." significa que apenas os contatos telefônicos da pessoa, exceto aqueles que forem excluídos, podem adicioná-los a grupos. Mas, ao selecionar todos os contatos, ninguém poderá adicionar a criança ou jovem a um bate-papo em grupo sem antes enviar um convite, que ele precisará aceitar antes de ser adicionado.
- Nas configurações da ferramenta, em "privacidade", a pessoa pode alterar quem pode ver suas informações pessoais, incluindo sua foto de perfil. É recomendado que se explorem esses recursos com a criança ou o adolescente e que se converse sobre a importância de restringir o acesso a elas; que a foto do perfil e as atualizações de *status* sejam visíveis apenas para os contatos ou para ninguém. Isso ajudará a manter a identidade da pessoa oculta daquelas que talvez não conheçam.

Foto: Freepik

CAPÍTULO 10

A saúde mental do professor

Todos nós queremos ter saúde. Mas não se trata apenas de promover e manter nossa saúde física – sobre a qual possivelmente temos mais conhecimento. Temos de cuidar também, e cada vez mais, da nossa saúde emocional e mental se quisermos ter qualidade de vida e viver de modo mais pleno. Os aspectos emocionais e mentais são tão importantes quanto os físicos para a saúde integral e se afetam mutuamente.

Mas o que entendemos, afinal, por saúde?

O conceito de saúde evoluiu e se modificou sensivelmente nos últimos anos. A ideia de saúde restrita ao aspecto biológico foi substituída por uma visão mais ampla, abrangente e contínua, descentralizada da figura médica e que tornou indivíduos e comunidades mais conscientes de medidas promotoras de bem-estar.

A Organização Mundial da Saúde (OMS) apresentou oficialmente o conceito de promoção de saúde em 1984, centrado em um modelo que envolve determinantes sociais, entre eles a educação, uma concepção holística e a capacitação coletiva, com informações e ações para a busca da saúde de maneira autonômica.

Dez anos depois, em uma conferência que reuniu especialistas em saúde e educação nos Estados Unidos, o conceito de aprendizagem socioemocional foi definido como um processo para desenvolver e aprimorar um conjunto de habilidades que envolvem a interdependência entre as emoções, as relações sociais e a ação no mundo, como autogerenciamento, comunicação assertiva, solução criativa de problemas, tomada de decisão responsável e percepção social, habilidades que, desde então, têm sido cada vez mais exigidas em um contexto social que se torna mais e mais complexo.

Nas últimas décadas, muitos estudos têm evidenciado a necessidade de a aprendizagem socioemocional para crianças e jovens ser incluída na educação escolar de maneira intencional e sistemática, como parte de uma educação integral. São consistentes as pesquisas que mostram o impacto positivo desse ensino no desempenho escolar do aluno, em sua saúde mental e na diminuição de problemas de conduta e abuso de drogas.

Recentemente, a competência socioemocional foi incluída na Base Nacional Comum Curricular (BNCC) brasileira entre as que devem ser desenvolvidas pela escola ao longo do processo educacional (BRASIL, 2018).

A escola promotora de saúde tem entre seus princípios o desenvolvimento da autoestima e da autonomia, com um olhar ampliado para as dimensões socioculturais, ambientais e emocionais dos estudantes e também dos educadores – e contando com a participação ativa de ambos nesse processo. Além disso, a escola tem sido reconhecida como um espaço privilegiado para a promoção da saúde pública para crianças e jovens, pois tem a possibilidade de desenvolver fatores de proteção e de redução de riscos essencialmente ligados à saúde mental, o que tem enorme impacto na aprendizagem, no desenvolvimento e no bem-estar dos alunos.

Dessa forma, a dimensão emocional no espaço escolar assume importância ainda maior, e o conhecimento do professor sobre o tema torna-se bastante relevante. Adicionalmente, há evidências de que professores com mais habilidades socioemocionais relacionam-se melhor com os alunos, são mais aptos a criar um bom clima emocional em sala de aula, a promover a motivação dos estudantes, a apoiá-los de modo mais competente em situações de conflito, a encorajar a cooperação e, especialmente, a se tornar um modelo positivo de comportamento.

Mas se há estudos consistentes dos impactos positivos das habilidades socioemocionais para a aprendizagem e o desenvolvimento dos alunos, há também pesquisas que mostram que habilidades socioemocionais mais robustas são um recurso interno importante para o bem-estar do próprio professor. Professores que lidam melhor com suas emoções têm menor nível de estresse e melhor saúde mental. Isso porque o estado de bem-estar mental é indissociável do bem-estar emocional.

A dimensão emocional do professor

Reconhecemos que a profissão docente é fundamental na sociedade. Muito se fala hoje sobre a importância de valorizar o professor, melhorar sua remuneração e formação.

E essa discussão não é exclusivamente brasileira. No mundo todo, professores estão expostos a uma grande demanda emocional, independentemente do nível sociocultural e de ensino ou se lecionam no ensino público ou privado. Professores lidam com uma grande gama de emoções, positivas e negativas, na interação com alunos, colegas, pais e gestores escolares. A alta exigência emocional que a atividade docente apresenta leva a um alto nível de estresse, especialmente quando associada à pouca habilidade para manejar as próprias emoções. A profissão docente é, inclusive, considerada pela Organização Internacional do Trabalho (OIT) uma das mais estressantes.

Nos últimos anos, muitas ações voltaram-se para a aprendizagem socioemocional dos estudantes. Mas, na maioria das vezes, o preparo que o professor recebe é bastante limitado, restringindo-se à apresentação de conceitos e orientações sobre como aplicar os programas para ensinar habilidades socioemocionais aos alunos em sala da aula.

O professor tem, então, de contar com os recursos emocionais que já possui, havendo poucas ações direcionadas ao aumento de suas próprias habilidades socioemocionais, com impactos negativos para o clima emocional em sala de aula, a aprendizagem do aluno e seu próprio bem-estar.

Conhecer melhor as emoções, o modo como elas estão imbricadas na racionalidade e suas relações com o aprendizado certamente contribui para o educador pensar em ações pedagógicas mais assertivas. Favorece ainda a percepção das emoções dos estudantes que vivenciam as experiências propostas, aumentando sua habilidade de empatia e fortalecendo as relações afetivas entre ambos.

Do mesmo modo, é essencial que o professor tenha conhecimento e habilidades para manejar as próprias emoções, encontrando alternativas mais construtivas para reagir a elas. A autoconsciência permite antecipar as emoções que podem surgir em certas situações e interações na prática pedagógica, bem como sua reação, levando ao desenvolvimento da autorregulação emocional. Essas habilidades, por sua vez, levam-no a lidar de modo mais competente com situações potencialmente desafiadoras ou frustrantes, o que diminui seu nível de estresse e aumenta seu bem-estar.

O que são emoções?

Ao longo do dia, vivenciamos inúmeras emoções. Considerada por muito tempo um fenômeno mental menos importante por influência do pensamento cartesiano, que elegeu a racionalidade como o produto mais precioso da mente humana, a dimensão emocional tem sido reconhecida como aquela que pode permitir que consigamos desenvolver melhores habilidades para lidar com as demandas da contemporaneidade.

Os anos 1990, ou "a década do cérebro", foram um marco na compreensão das emoções como um fenômeno indissociável da razão. O melhor entendimento de como as emoções são processadas no cérebro e reverberam no corpo, assim como seu impacto na saúde mental, física, no bem-estar, na tomada de decisão e em outras funções da cognição superior, abriu caminho para a compreensão de que não podem mais ser relegadas a uma aprendizagem aleatória.

Mas o que é emoção? É um estado afetivo de curta duração, que nos mobiliza para uma ação específica. As emoções podem ser consideradas os sensores entre nós e as circunstâncias, podendo ser disparadas pelo cérebro por um evento externo (ambiente) ou interno (com uma memória ou um pensamento), com enorme reflexo no resto do corpo.

As emoções surgiram no processo evolutivo para garantir nossa sobrevivência, permitindo que reagíssemos mais rapidamente diante de uma ameaça, por exemplo. Mas hoje, na maioria das vezes, não podemos nem devemos fugir ou lutar, pelo menos não literalmente. Mas, ainda que não possamos deixar de sentir emoção, podemos perceber como o nosso corpo e a nossa mente se comportam e evitar situações desagradáveis, desencadeadas por reações destemperadas.

No estudo do fenômeno emocional, muitos autores têm buscado compreender a natureza das emoções e o quanto delas é inato à nossa espécie e o quanto é resultado das nossas interações sociais. Algumas emoções são consideradas inatas ou primárias, ou seja, todo ser humano as possui e não depende da experiência cultural para aprendê-las, embora as interações sociais possam modificar sua expressão ao longo da vida e dar a elas novos significados. São elas alegria, tristeza, medo, nojo e raiva. Outras emoções, chamadas secundárias ou sociais, são mais complexas, envolvem o pensamento e fatores socioculturais e são avaliadas como boas ou ruins. Simpatia, ciúme, orgulho, vergonha, admiração e culpa são alguns exemplos.

O que é saúde mental?

No mundo contemporâneo, muitas pessoas consideram a ansiedade, a tristeza e o estresse como estados negativos, associados intuitivamente a transtornos mentais. Em parte, isso se deve à falta de debate sobre saúde mental na sociedade. Em parte, pode ser decorrente do fato de que vivemos em uma realidade que preza muito pela imagem e pela aparência em detrimento da reflexão e dos valores, levando-nos a considerar negativos os aspectos que não sejam associados à "felicidade". Esse tipo de compreensão nos induziu a rejeitar elementos adaptativos de nossa saúde mental, tão importantes quanto os considerados "positivos".

Tanto a ansiedade quanto a tristeza e o estresse são emoções que, em grande parte, levam o ser humano a se adaptar aos desafios da vida. Dessa forma, elas estão mais relacionadas à manutenção da integridade do indivíduo do que a quadros que perturbam sua saúde.

Segundo a Organização Mundial da Saúde, saúde mental corresponde a um estado de completo bem-estar físico, mental e social no qual o indivíduo:

- se sente bem consigo mesmo e nas relações com os outros;
- é capaz de administrar as emoções e a vida como um todo;
- lida de forma positiva com as adversidades;
- reconhece seus limites e busca ajuda quando necessário.

Portanto, ao contrário do que muitos pensam, saúde mental é uma condição muito mais complexa do que a simples ausência de transtornos mentais.

Utilizar o conceito de espectro é uma forma alternativa de abordar o paradigma da saúde mental. Sob essa perspectiva, quando analisamos as diversas variáveis que se relacionam com a saúde da mente, elas podem ser observadas, uma a uma, como pertencentes a um *continuum* que liga a saúde plena ao transtorno mental, como demonstrado na Fig. 1.

FIGURA 1 - *Continuum* da Saúde Mental

SAÚDE   TRANSTORNO

ESPECTRO

Fonte: Elaboração dos autores.

O interessante é que esta abordagem:

- Suaviza o antigo paradigma de saúde e doença, em que uma pessoa era considerada "doente" e precisava de tratamento, muitas vezes médico; ou "saudável" e não reconhecia as possibilidades de promoção de saúde.
- Reduz o estigma dos fenômenos psicológicos ao considerar que todos os indivíduos se apresentam dentro do mesmo espectro.
- Estimula o autoconhecimento e a autonomia das pessoas em relação à própria saúde.

É fundamental que se note que a saúde é uma manifestação muito mais prevalente do que a doença. Indivíduos com mais conhecimentos sobre saúde emocional e mental se fortalecem para viver situações complicadas e buscam auxílio quando necessário, levando à prevenção de problemas maiores e a tratamentos mais tranquilos e mais bem-sucedidos, quando necessário. Na verdade, pessoas mais bem informadas têm maior autonomia em relação à sua saúde como um todo. Para compreendermos melhor:

▶ **Ansiedade:** é um estado de preparação para enfrentar situações de perigo. Quando ansiosos, apresentamos reações como o aumento da atenção voltada para o ambiente e a ativação de respostas corporais, que dependem da proximidade e da intensidade do perigo. Uma característica importante da ansiedade natural é que ela é temporária e manifesta-se na expectativa de perigos reais, desaparecendo assim que se percebe que o perigo acabou.

▶ **Tristeza:** é um fenômeno que nos possibilita elaborar situações complicadas, na medida em que nos leva a "reduzir nosso ritmo", propiciando a reflexão e a restauração do "recarregar das baterias".

▶ **O estresse:** por mais que venha sendo apresentado como um "vilão dos tempos modernos" por diversas publicações recentes, é mais um fenômeno com ângulos positivos, que está presente quase sempre que enfrentamos um desafio, oferecendo-nos a oportunidade de desenvolver tolerância à frustração e nos fazendo valorizar mais nossas conquistas.

Como o estresse pode se tornar um problema ou um transtorno?

Antes de falarmos sobre estresse, é conveniente explorar um pouco mais o espectro entre a saúde e os transtornos mentais, com a inclusão do conceito de problema de saúde mental, termos que muitas vezes geram confusão.

▶ **Problemas de saúde mental:** podem ser definidos como os estados de funcionamento em que o indivíduo apresenta alterações no modo de agir, sentir e, de forma mais ampla, interagir com o mundo à sua volta. Os sinais de que uma pessoa está atravessando um problema de saúde mental são caracterizados por um certo sofrimento, com o surgimento de algum tipo de prejuízo em sua vida, por curtos períodos de tempo.

Problemas dessa natureza podem ocorrer, por exemplo, no fim de um relacionamento, quando se perde alguém querido, em discussões familiares, quando se acumulam tarefas. Sentir-se estressado ou "baixo-astral" são respostas normais aos desafios psicológicos e sociais com os quais, mais cedo ou mais tarde, todos nos deparamos. Outros sinais característicos dessa fase são irritabilidade e alterações do sono e do apetite.

▶ **Transtorno mental:** é uma expressão utilizada para descrever uma variedade de condições psiquiátricas com reflexos emocionais e comportamentais, cuja intensidade e duração costumam ser maiores do que a dos problemas, embora possam variar bastante. Os transtornos mentais incluem os transtornos de ansiedade, de humor, os distúrbios alimentares, os transtornos psicóticos, entre outros. Nesse estado – menos frequente que os estados de saúde e de problema e que pode se manifestar sem a presença de um evento estressante –, a pessoa apresenta prejuízos mais debilitantes e começa a ter dificuldades de restabelecer um funcionamento saudável por conta própria, sendo geralmente recomendada uma ajuda especializada. Felizmente, os transtornos mentais são doenças diagnosticáveis e que possuem diversos tratamentos eficazes.

Devemos frisar que os transtornos mentais não são falta de educação oferecida pelos pais, fraqueza pessoal ou problema de personalidade, manifestações de espíritos ou causados pela pobreza.

▶ **Estresse:** é uma manifestação psicológica bastante comum, presente quando enfrentamos desafios cotidianos, tais como uma sala de aula agitada, estrutura inadequada de trabalho ou o trânsito até a escola. Por causa do nosso ritmo de vida, é frequente que não tenhamos tempo para refletir sobre como estamos nos sentindo, e isso pode levar a um agravamento da carga de estresse, que deixa de ser um fenômeno adaptativo, associado à saúde, para ser problemático.

O estresse depende de estruturas cerebrais e de outras estruturas físicas (não cerebrais), que participam do processamento de informações ameaçadoras que interagem por meio de um delicado equilíbrio de substâncias químicas conhecidas como neurotransmissores. As estruturas mais importantes envolvidas com o estresse e a ansiedade são as amígdalas cerebrais, as glândulas suprarrenais (ou adrenais) e os neurotransmissores cortisol e a adrenalina.

Diante de eventos estressores, as amígdalas cerebrais tendem a reagir, acionando as glândulas adrenais a produzirem adrenalina e cortisol. A adrenalina dá início às reações físicas mais comumente associadas ao estresse e à ansiedade, tais como palpitações, "frio na barriga", respiração acelerada, tremores e aumento da sudorese. Por sua vez, o cortisol tende a afetar o indivíduo de diversas formas, direta ou indiretamente. Nesse momento, o mais importante é saber que uma pessoa, a partir do momento em que se expõe a uma quantidade elevada de situações estressoras (que podem ser reais ou interpretadas como tal) tende a apresentar níveis de cortisol mais elevados, que, por sua vez, induzem as amígdalas a reagirem de forma mais sensível.

A partir disso, é comum que a pessoa passe a apresentar reações de estresse, ansiedade, medo ou irritabilidade de forma desproporcional aos eventos que enfrenta, iniciando-se um ciclo.

Algumas pessoas apresentam uma tendência a fazer interpretações mais negativas. Isso pode acontecer através de movimentos autocríticos, de catastrofização e de outros tipos de distorção cognitiva. Por outro lado, há pessoas que se utilizam de recursos psicológicos que lhes permitem enxergar os mesmos eventos de forma mais adequada, gerando, ao final do dia, uma produção menor de cortisol e uma possibilidade menor de agravamento dos quadros de estresse.

Diferenciando estresse e ansiedade

Um passo importante em busca do autoconhecimento é compreender as diferenças entre o estresse e a ansiedade, já que as duas emoções apresentam sinais e sintomas físicos e psicológicos semelhantes e a mesma base neurobiológica.

- Tanto a ansiedade quanto o estresse provocam aceleração dos batimentos cardíacos, respiração mais curta e tensão muscular. Uma das diferenças é que a ansiedade é a única que apresenta a manifestação aguda do pânico.
- O estresse costuma estar associado a eventos conhecidos, concretos, externos (contas a pagar, por exemplo). Já a ansiedade costuma estar ligada a uma possibilidade subjetiva, que muitas vezes não é compatível com a realidade. Por exemplo, uma pessoa apresenta ansiedade quando começa a acreditar que vai desmaiar ao apresentar um seminário.
- O estresse é muitas vezes relatado como frustração, nervosismo ou "sobrecarga"; já a ansiedade geralmente é mais externalizada como preocupação, medo ou desconforto.
- O estresse está relacionado a desafios que são passíveis de resolução, enquanto a ansiedade frequentemente gera uma sensação de desamparo.

Uma chave fundamental para o equilíbrio da mente é o autoconhecimento. Quem tem percepções mais atentas e elaboradas de si percebe rapidamente que está irritado porque não se alimentou, desatento porque dormiu mal ou desanimado por condições que um aluno suscita, e pode tomar atitudes (muitas vezes simples mudanças de hábito) para restabelecer a saúde.

O autocuidado do educador: ações para a promoção da saúde emocional e mental

Compreendendo que o professor é uma figura de vital importância para seus estudantes e que é notório o impacto do estresse sobre eles e seu meio, consideramos algumas estratégias de autocuidado visando à promoção de saúde e à prevenção de transtornos mentais.

Até o momento, salientamos a importância do autoconhecimento como um fator crucial no autocuidado. A partir de agora, exploraremos outras vias de autocuidado embasadas em evidências.

Traços psicológicos positivos

1 Resiliência e otimismo

Resiliência é a capacidade de que um indivíduo pode dispor para se recuperar ou se adaptar positivamente aos eventos desafiadores da vida. A resiliência está positivamente associada à saúde emocional e ao bem-estar (STEWART; YUEN, 2011). Por sua vez, o otimismo reflete uma tendência do indivíduo de ter expectativas positivas diante das situações vivenciadas. Pesquisas vêm demonstrando que o otimismo está associado a melhor qualidade de vida e menor incidência de depressão (LAMOND et al., 2008). Além disso, os adultos otimistas têm maior probabilidade de se engajar em comportamentos saudáveis do que os pessimistas.

2 Domínio pessoal e autoeficácia

Domínio pessoal diz respeito à sensação de que um indivíduo tem competência para obter os resultados desejados, lançando mão de comportamentos específicos, adaptativos e assertivos. Há evidências de que o domínio pessoal protege os indivíduos dos efeitos negativos do estresse e dos problemas de saúde. Conceito relacionado ao domínio pessoal, o senso de autoeficácia refere-se à autopercepção de que o indivíduo tem capacidade e recursos para acionar estratégias de enfrentamento específicas para superar os desafios da vida e conquistar o que deseja.

3 Atenciosidade

É um tipo de consciência quando se está sob uma emoção. Perceber, tanto no momento que o evento acontece como reavaliar logo após seu término, o que dispara suas emoções, procurar nomeá-las e identificar quais sensações físicas elas causam, quais as reações usuais e como esses comportamentos afetam os ambientes e suas relações. Com a atenciosidade, é possível definir seu perfil emocional para que se possa considerar outros comportamentos em eventos futuros, ampliando o repertório emocional.

4 Engajamento social

Refere-se à integração de uma pessoa à sua rede social, incluindo o número e a qualidade de relacionamentos próximos, a frequência da socialização e seu nível de satisfação. Pesquisas já demonstraram que o engajamento social está diretamente associado à saúde mental.

5 Espiritualidade e religiosidade

A grande diferença entre religiosidade e espiritualidade é que a religiosidade geralmente tem uma conotação social inerente, enquanto a espiritualidade pode ser personalizada. As práticas religiosas e espirituais estão associadas a um maior bem-estar e a melhores resultados de saúde ao longo da vida. Os mecanismos supostos que levam à proteção da saúde mental incluem o apoio emocional e o otimismo derivados de comunidades religiosas, mas estudos têm demonstrado que a espiritualidade pode apresentar a mesma significação, mesmo sem o contato social.

6 Sabedoria

Apesar da variabilidade das definições de sabedoria, são comuns aos conceitos comportamentos pró-sociais (compaixão, empatia, altruísmo), tomada de decisão social, *insight*, determinação, regulação emocional, tolerância a sistemas de valores divergentes, abertura a novas experiências, espiritualidade e senso de humor.

Fatores ambientais positivos

1 Dinâmica familiar

Muitos estudos comprovam que dinâmicas familiares positivas estão associadas a diversos desfechos positivos relacionados à saúde mental.

2 Suporte social

Refere-se ao grau de disponibilidade das pessoas para um apoio emocional e físico. O forte apoio social está associado à redução de sintomas depressivos, ansiedade, transtornos por uso de substâncias, hipertensão, doenças cardiovasculares e demência, bem como maior sobrevida.

3 Outros fatores ambientais

Não há saúde sem saúde mental; ao mesmo tempo, a saúde mental depende, até certo ponto, da saúde geral. Portanto, disponibilidade de cuidados médicos regulares; oportunidades para atividades físicas, cognitivas e sociais; e fornecimento de nutrição adequada são necessários para a saúde mental positiva. Há também evidências de que o ambiente comunitário afeta a saúde mental.

Hábitos de vida

1 Exercício físico

Um estudo feito com mais de 200 pessoas diagnosticadas com depressão, acompanhadas ao longo de 4 meses, comprovou que o exercício físico é tão eficaz quanto as medicações para pacientes com depressão de leve a grave e tem resultados mais duradouros (BLUMENTHAL *et al.*, 2007). Outro estudo demonstrou que exercício moderado pode ajudar a prevenir a depressão. Além disso, tem-se demonstrado que a atividade física otimiza o aprendizado ao melhorar o controle de impulsos, a atenção e a motivação.

2 Práticas meditativas

Mindfulness e outras práticas meditativas, como tai chi chuan, demonstraram aumentar o afeto positivo, diminuir a ansiedade e o afeto negativo e trazer benefícios potenciais em uma série de condições psiquiátricas. Da mesma forma, a ioga pode ter um impacto benéfico na redução do estresse e no perfil inflamatório, melhorando a função imunológica e a saúde.

3 Alimentação

Pesquisas vêm demonstrando que uma dieta saudável reduz o risco de depressão severa, enquanto *junk food*, açúcar e carnes processadas podem aumentar os sintomas depressivos. A dieta mediterrânea, que prioriza alimentos frescos, está associada à diminuição do risco de depressão na fase final da vida e da disfunção cognitiva.

4 Sono

O sono é uma "área" importante de foco para os autocuidados. Problemas de sono não são apenas sintomas; eles também contribuem para problemas de saúde mental. A higiene do sono, com a diminuição do consumo de álcool, nicotina e cafeína; aumento da atividade física; e o preparo de um quarto escuro e livre de distrações como celular, são estratégias bem documentadas para melhorar a qualidade do repouso e da vida.

É essencial que o professor esteja consciente da importância de cuidar de suas emoções e que possa engajar-se ativamente em ações que promovam sua saúde emocional e mental. Comprometer-se pessoalmente com sua saúde e seu bem-estar é uma atitude que pode ter impactos importantes em qualquer indivíduo, e é crucial para profissionais cuja atividade envolve cuidado e grande interação com outras pessoas, como é o caso do professor.

O bem-estar do professor terá reflexos em sua prática docente, no modo como lida com os alunos e fará com que seja um modelo mais para positivo para eles. E, sobretudo, fará com que tenha melhor qualidade de vida, podendo alcançar maior realização e felicidade.

CAPÍTULO 11

Situações de crise no contexto escolar

Ao longo da vida, nos deparamos com uma vasta gama de situações adversas. Algumas são mais circunscritas, afetando primariamente um indivíduo e seu círculo social. Isso ocorre em caso de doença, acidente, morte de um familiar ou amigo, divórcio dos pais ou fim de um relacionamento, perda de emprego ou necessidade de mudar de cidade ou escola. Outras adversidades causam impacto coletivo, como desastres naturais, conflitos sociais, perturbações econômicas ou de saúde pública.

Momentos de crise são caracterizados por uma mudança brusca no cenário que leva à necessidade de adaptação individual ou coletiva, mobilizando a capacidade de resiliência das pessoas afetadas. Embora a literatura indique certas divergências em sua definição, resiliência é um processo individual ou coletivo associado à capacidade de minimizar ou superar os efeitos nocivos de uma situação adversa, que se desenvolve no domínio das interações humanas. Na falha desse processo, crises sujeitam pessoas e comunidades à desestruturação, gerando níveis variados de estresse, que frequentemente provocam mais desestruturação, estabelecendo um ciclo negativo.

No dia a dia da escola, deparamo-nos tanto com estudantes que enfrentam crises circunscritas a suas vidas pessoais, quanto com os que sofrem com eventos que afetam parte ou toda uma comunidade. Independentemente do caso, em razão de diversos fatores internos e ambientais, cada aluno tem um repertório único frente à adversidade e, de acordo com isso, será impactado por ela de forma particular. Além disso, é importante compreender que esse repertório está em franco desenvolvimento na faixa etária jovem e que ele pode ser instável, modificado de tempos em tempos (por exemplo, uma pessoa pode conseguir lidar bem com uma desavença entre colegas em determinado momento, e evadir da escola em outro). Desse modo, é importante que a escola possa refletir sobre estratégias que tenham o potencial de estimular fatores protetivos que funcionam como suporte aos que estão lidando com adversidades e que contribuam para a recuperação e a superação de momentos difíceis.

Neste capítulo, utilizaremos as vivências desafiadoras e os aprendizados do período da pandemia de Covid-19 como uma linha condutora para abordarmos alguns dos fenômenos biopsicossociais implicados quando nos deparamos com momentos de crise.

A pandemia de Covid-19

No final de 2019, foram divulgados na China os primeiros casos de Covid-19, doença infecciosa causada pelo novo coronavírus (SARS-CoV-2). Logo os registros de casos confirmados aumentaram de forma significativa, levando a Organização Mundial da Saúde (OMS) a decretar, em março de 2020, estado de pandemia. Esse fato obrigou muitos países a adotarem uma série de medidas restritivas. Escolas foram fechadas temporariamente para as aulas presenciais, afetando em torno de 1,5 bilhão de estudantes do ensino básico em todo o mundo (UNICEF, 2020).

Dois anos depois, com o aumento do número de pessoas vacinadas e o avanço dos conhecimentos sobre a doença, voltou-se a conviver em um estado de certa normalidade, com restrições a aglomerações e obrigatoriedade do uso de máscara mais transitórios e delimitados a certas áreas.

Embora a fase mais crítica da pandemia pareça ter passado, suas consequências, como o sofrimento de pessoas que perderam entes queridos, que tiveram prejuízos financeiros importantes ou desenvolveram alguma forma de transtorno mental, são complexas e duradouras.

Um aspecto que passou a causar grande preocupação foi o afastamento de estudantes das salas de aula por tanto tempo, fato que acarretou efeitos dramáticos para a população em geral e para os estudantes em particular. Lacunas pedagógicas, atraso no desenvolvimento de habilidades socioemocionais e problemas de saúde mental foram apenas alguns dos desdobramentos da pandemia.

Como ainda estamos "vivendo a história", não é possível que se avalie toda a dimensão dos impactos futuros desses acontecimentos no que tange a área educacional. Porém, abordaremos alguns aspectos que podem ser de grande valia no sentido de se compreender e atuar neste e em outros cenários de crise.

A saúde mental em momentos de crise

Ao longo dos primeiros meses da pandemia de Covid-19, a quantidade de conhecimentos embasados em evidências científicas que norteavam a detecção, prognósticos e condutas no que tange à saúde mental foi considerada escassa. Felizmente, esse paradigma foi se modificando, permitindo o desenvolvimento de um cenário pautado na promoção de saúde e prevenção de transtornos, de grande importância em um momento tão desafiador.

Para além dos debates que sempre permeiam conceitos importantes, saúde mental é um estado dinâmico, que tende a se modificar em consequência de um ser humano complexo – que carrega uma herança genética e um histórico de diversas experiências particulares – inserido em um ambiente igualmente complexo, com nuances que se alteram constantemente, demandando adaptação.

Seguindo essa linha de raciocínio, momentos de crise como uma pandemia provocam uma série de eventos que nos desafiam como seres humanos e impõem necessidades adaptativas que, em certos contextos, podem passar a ser muito complicadas. Entre elas, podemos citar:

- **Mudanças de rotina:** o ser humano tende a criar uma série de rotinas que o auxiliam a funcionar em grupo, otimizar sua produtividade, economizar energia, entre outras coisas. Nosso organismo, quando adaptado positivamente a elas, passa a antever os eventos que estão por acontecer e, com isso, reduzir o nível de vigília antes de dormirmos ou elevar nosso estado de atenção para atividades de trabalho ou estudo, por exemplo.

    Para muitas pessoas, as mudanças na rotina modificaram drasticamente seu estado de alerta, causando alterações nos padrões de sono e vigília, de alimentação, nos níveis de energia para trabalhar, entre outros. O interessante é que isso pode acontecer inclusive com indivíduos que relatam estar se sentindo satisfeitos com tais mudanças, como a possibilidade de ficar mais tempo em casa.
- **Distanciamento social:** contatos sociais são eventos que ativam de forma particularmente intensa nosso sistema de recompensas cerebral via produção de dopamina, um neurotransmissor que se relaciona com nossas motivações. Uma das consequências desse processo é que seres vivos apresentam a tendência a conviver em grupo, não isoladamente. Em vista disso, períodos de isolamento contínuo podem ocasionar desmotivação e, posteriormente, desconexão gradual em relação a pessoas ou atividades, tendo como um dos reflexos esperados a sensação de vazio ou de falta de sentido para se viver.
- **Imprevisibilidade:** assim como no caso das rotinas, nos pautamos por uma certa previsibilidade para ajustarmos nossas expectativas e motivações diante do que está por vir. No nosso país, a pandemia agravou a instabilidade que já existia sob diversos prismas. "Quando as aulas recomeçam?",

"Será que serei vacinado?", "Quando será o vestibular?", "Será que o vestibular será cancelado?". Muitas podem ser as incertezas em períodos de crise, e algumas delas, durante a pandemia, geraram expectativas logo frustradas. Esse tipo de contexto tende a criar, como já citado, um estado de alerta que se associa ao estresse, à ansiedade, medo e estados de desânimo decorrentes da frustração.

- **Perdas:** momentos de crise são frequentemente pautados por perdas reais ou imaginadas, e a pandemia de Covid-19 não foi exceção. Familiares, amigos, pessoas que admiramos se foram. Trabalhadores perderam empregos, crianças e adolescentes ficaram sem escola. Todas essas situações representam grandes desafios adaptativos. É esperado que, ante eles, apresentemos reações de luto e alerta aumentadas.
- **Confinamento domiciliar:** como contraponto ao isolamento social, muitos passaram a viver confinados com outras pessoas, sejam familiares ou não, e a sofrer maior influência dos sentimentos, pensamentos e comportamentos delas.

É importante notar que, quanto mais novo for o indivíduo, menores serão os recursos de que ele irá dispor para lidar com o que está ao seu redor, seja a saúde mental das pessoas com quem se relaciona com mais proximidade, sejam os recursos ambientais disponíveis. Por exemplo, um adolescente frequentemente tem mais "jogo de cintura" para colocar os fones de ouvido ou sair de um ambiente em que se sente desconfortável. Além disso, ele já costuma dispor de um conjunto de percepções sobre as coisas que estão no seu entorno, que lhe permite ter certa flexibilidade quando se depara com cenários particulares. Por exemplo, um adolescente pode conseguir discernir entre o que ele e o outro estão sentindo. No caso de crianças menores, a tendência é que ela assuma que o sentimento do outro é seu também.

Problemas de saúde mental mais relatados na pandemia

O estresse, a ansiedade e a tristeza (desânimo e solidão) foram queixas muito prevalentes nesse período, frequentemente associadas à insônia, à irritabilidade e a problemas de memória. Tais fenômenos, é bom que se lembre, são frequentemente adaptativos e só passam a ser problemáticos quando muito intensos e duradouros, gerando prejuízos, como sofrimento e queda da produtividade em geral. Quando nos referimos à produtividade, sugerimos que se adote uma interpretação ampla e referente a cada faixa etária. Por exemplo, a queda de produtividade em crianças se conecta à predisposição a interagir, se alimentar, fazer as tarefas da escola ou brincar. Em adultos, o termo se refere à predisposição para a interação social e à alimentação, assim como para os cuidados com a higiene e a dedicação ao trabalho.

Como esses fenômenos já foram abordados no capítulo anterior, aqui vamos nos ater às particularidades da pandemia e de outros momentos de crise.

- **Estresse:** Comumente, os relatos são de sobrecarga, sentimentos à flor da pele (irritabilidade, choro fácil) e tensão física. Durante os primeiros meses de pandemia, com as mudanças de rotina e a imprevisibilidade das coisas, as queixas iniciais giraram muito em torno de estresse, como problemas de sono, apetite, irritabilidade, baixa concentração e problemas de memória.

    Em crianças, o estresse provoca comportamentos mais infantilizados, mais dependentes das pessoas que estão à volta. Crianças podem se irritar, chorar mais facilmente, passar a falar com a voz mais infantilizada, entre outros tipos de comportamento.
- **Ansiedade:** Ao longo do tempo, crianças e adultos passaram a apresentar queixas de ansiedade e medos relacionados, muitas vezes, ao coronavírus. Preocupações excessivas,

pesadelos, insônia, crises de ansiedade, comportamentos repetitivos, alterações de apetite e dores foram alguns dos sintomas mais relatados por quem buscou ajuda.

Entre crianças e adolescentes, o relato de ressurgimento de medos que "já estavam resolvidos" (de escuro, de dormir sozinhas, de sair de casa), de preocupações de adulto (com as finanças da casa, com a saúde dos familiares), de seletividade para alimentos quando isso já tinha parado de ocorrer (querendo comer apenas alguns tipos de alimento) e de sono agitado foram bastante comuns.

- **Tristeza, desânimo, solidão:** inicialmente, a busca por auxílio especializado devido a desânimo e tristeza intensos não era tão recorrente quanto a que se relacionava a quadros de ansiedade ou estresse. Porém, prolongados períodos de distanciamento social e confinamento domiciliar predispuseram indivíduos à desconexão com pessoas e eventos prazerosos, ocasionando um aumento nesse tipo de queixa.

Somando-se a isso, níveis intensos e sustentados de estresse e ansiedade podem suscitar comportamentos mais refratários em relação a experiências que possam ser protetivas em um contexto como esse, levando a desdobramentos associados à baixa autoestima e desmotivação.

Passaram também a ser mais frequentes relatos sobre a redução da capacidade de sentir prazer, pensamentos de caráter mais negativo – muitas vezes associados a generalizações, em que a pessoa acredita que "tudo está dando errado" –, redução da energia física e/ou mental, hiper-reatividade a frustrações, sensação de vazio ou de que os dias não estão fazendo sentido. Quadros mais intensos podem ocorrer associados a pensamentos de morte ou comportamentos de risco.

Crianças e adolescentes podem ter dificuldade maior de expressar o que estão pensando ou sentindo, ocasionando confusão. O comportamento pode ser (e frequentemente é) mais irritadiço ou opositor do que propriamente triste, e sinais como problemas de sono, postura queixosa, alterações do apetite (com perda ou ganho de peso significativos) e desânimo para brincar podem ser os fatores que deflagram níveis mais problemáticos de tristeza.

Por mais que um grande número de pessoas tenha apresentado oscilações intensas relativas à saúde mental após o início da pandemia, muitas outras não referiram maiores problemas. Nesses casos, no entanto, não foi incomum ocorrer o relato de se sentirem culpadas ou insensíveis ao sofrimento alheio. Como vimos, uma série de fatores estão implicados em nossa saúde mental, portanto, esse tipo de interpretação seria, no mínimo, reducionista. Nessas ocasiões, talvez o mais interessante seja a pessoa considerar o potencial de contribuição que ela pode representar para a comunidade, oferecendo esperança ou auxílio direto a pessoas que estão enfrentando mais adversidades.

Outro ponto importante é alertar que pessoas que previamente apresentavam predisposição ou já estavam em tratamento para algum transtorno mental podem enfrentar maiores dificuldades, embora nem sempre este seja o caso. Esse tipo de afirmação pode ser útil na ocorrência de afastamento/desconexão de alunos ou colegas que apresentam maior risco. Nesses casos, é importante que exista uma atenção redobrada em termos de cuidado.

Como prevenir problemas de saúde mental em um contexto desafiador

A ciência vem revelando, nas últimas décadas, uma mudança importante de paradigma nos cuidados com a saúde. O protagonismo do tratamento passou a ser ofuscado pelo poder da promoção de saúde e da prevenção de transtornos, através do fortalecimento de fatores protetores e da redução de fatores de risco.

A política de "apagar incêndios", ou seja, de só agir quando a intensidade dos sintomas e o sofrimento/prejuízo forem insustentáveis, leva, frequentemente, a tratamentos mais complexos, custosos e muitas vezes inacessíveis a boa parte da população. Já ações de promoção e prevenção são frequentemente menos complexas (e por isso mesmo muitas vezes pautadas na autonomia do indivíduo), menos invasivas e custosas, além de contar com um crescente corpo de pesquisa demonstrando resultados substanciais.

Por isso, sugerimos que as orientações dadas no tópico "O autocuidado do educador: ações para a promoção da saúde emocional e mental", no capítulo anterior, sejam revisitadas e adotadas. São propostas simples, mas efetivas, para reduzir os impactos da pandemia na saúde mental, no contexto escolar ou fora dele, como maior atenção à alimentação, ao sono e à frequência de atividades físicas. E, ainda que tenham sido inicialmente pensadas para auxiliar adultos, muitas delas podem ser perfeitamente adaptáveis para crianças e jovens.

De maneira resumida (ver Esquema 1), são considerados "pilares" fundamentais à saúde mental:

ESQUEMA 1 - Pilares da saúde mental

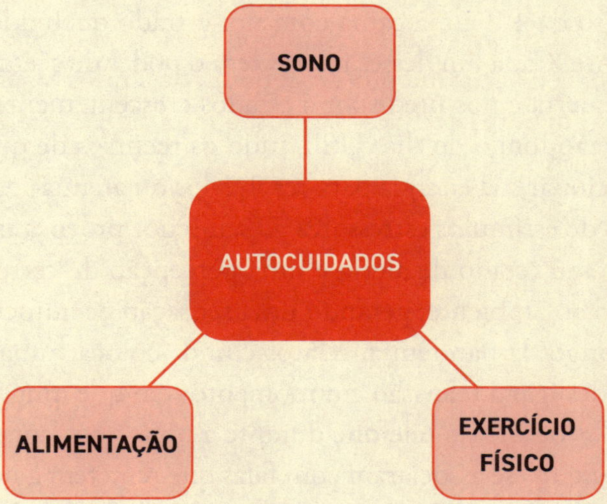

```
         ┌─────────┐
         │  SONO   │
         └────┬────┘
              │
      ┌───────┴───────┐
      │ AUTOCUIDADOS  │
      └───┬───────┬───┘
          │       │
    ┌─────┴──┐  ┌─┴──────────┐
    │ALIMEN- │  │ EXERCÍCIO  │
    │TAÇÃO   │  │ FÍSICO     │
    └────────┘  └────────────┘
```

Fonte: Elaboração dos autores.

Complementarmente, apresentamos aqui algumas sugestões específicas em situações de confinamento.

▶ Identificação de estímulos estressores

Como o estresse está relacionado com um estado de alerta desencadeado por eventos externos e internos, um dos princípios norteadores para sua redução é a detecção de estímulos estressores.

Do ponto de vista de comunidade, ações com enfoque na detecção e remediação de necessidades básicas – como condições de moradia e alimentação, assim como intervenções que visem à identificação e ao manejo de situações de violência doméstica (quaisquer sejam os tipos de violência) e *bullying* – são primordiais para que se estabeleça um ambiente em que a promoção de saúde seja possível. Indivíduos em condições precárias ou altamente adversas enfrentarão mais dificuldade para desenvolver fatores protetores para a sua saúde mental ou a das pessoas que estão à sua volta.

Do ponto de vista individual, propomos um exercício. Observe os ambientes pelos quais você transita. Agora, pensando bem, identifique fatores que possam lhe causar algum tipo de desconforto. Estamos buscando fatores simples, como um sapato apertado, o volume alto da TV, uma cama com um estrado quebrado ou uma dor de dente. Cada um desses fatores tem o poder de acentuar nosso estado de alerta e nos predispor a estados crescentemente elevados de estresse ao longo do dia. Utilizando os recursos de que dispõe, tente direcionar sua energia para resolvê-los ou atenuá-los. Reduzir o número de estímulos estressores ao seu redor provoca uma diminuição do seu estado de alerta e uma percepção de certo controle em relação ao ambiente, gerando uma sensação de autocuidado.

Ao longo da pandemia, relatos como "colocar uma lâmpada na sala", "desligar a televisão em momentos em que ninguém a está assistindo", "desligar o telefone durante a noite" ou "conseguir um bom travesseiro" se associaram com falas que remetem à melhora da qualidade de vida, em alguma proporção. Com a finalidade de tornar esse raciocínio mais tangível, tente se imaginar em um ambiente com um barulho desconfortável de uma furadeira por perto. Qual a influência desse gatilho para o seu estado de estresse? Agora, somado a isso, imagine que você está com uma roupa apertada e com sede. Cada uma dessas variáveis carrega um potencial de aumentar a carga de estresse, e esse estado tende a ocasionar interações mais desgastantes com outros gatilhos que possam surgir com o passar do dia.

▶ **Sobrecarga de informação**

Um dos fatores causadores de estresse mais citados foi a sobrecarga de informação. Muitas pessoas desenvolveram o hábito de assistir a diversos telejornais diariamente. Quantidade adequada de informação pode gerar uma certa tranquilidade, como quando somos orientados sobre as medidas de prevenção à Covid-19 ou descobrimos o calendário de vacinação. Porém, quando essa quantidade é ultrapassada, podem surgir as sensações de sobrecarga e desorientação, na medida em que as notícias podem se contradizer de acordo com as fontes. Nossa sugestão é limitar o consumo de informação a um volume que se considere adequado, do ponto de vista individual, de preferência utilizando uma fonte na qual se tem confiança.

O estresse costuma ser um catalisador para estados de ansiedade e tristeza mais intensos; portanto, voltar nossa atenção para atitudes que promovam sua redução pode ser uma estratégia poderosa.

Quando buscar ajuda especializada?

Como já mencionado anteriormente, fenômenos como o estresse, a ansiedade e a tristeza frequentemente são adaptativos e não deflagram sofrimento. Porém, quando a intensidade deles é alta e se sustenta por períodos prolongados, é provável que passemos a perceber prejuízos. Inicialmente, podem acarretar condições remediáveis, como insônia, irritabilidade, alterações de apetite ou queda na produtividade, por exemplo. Nessa faixa de comprometimento, a simples detecção e a tomada de medidas de autocuidado costumam ser suficientes para que, em poucos dias, retome-se um funcionamento próximo do potencial da pessoa. Em níveis de comprometimento mais elevados, os sentimentos, pensamentos e comportamentos passam a ser mais angustiantes e/ou muito difíceis de controlar – momento em que a busca por ajuda especializada é determinante para que o retorno ao funcionamento normal aconteça de forma mais assertiva.

Em regra, um profissional da área da psicologia é o agente mais indicado para uma triagem da necessidade de auxílio especializado em saúde mental. Isso se deve ao seu papel fundamental em casos leves, moderados e graves, assim como sua maior disponibilidade nas redes de saúde do que outros agentes da saúde mental, como os psiquiatras.

Implicações para as escolas

Desde o início de 2020, para que o processo de aprendizagem fosse mantido em alguma medida, foram usadas diferentes estratégias, tanto *on-line* (ferramentas tecnológicas, especialmente associadas à conexão com internet) quanto *off-line* (envio de materiais impressos, propostas de atividades para que o estudante utilizasse os materiais didáticos que já possuía, etc.) (LAU; LEE, 2020; UNICEF, 2020).

> ▶ Em todo o mundo, mais de 90% dos Ministérios da Educação desenvolveram políticas relativas à oferta de pelo menos uma forma de aprendizagem a distância.
>
> ▶ Pelo menos 31% das crianças em idade escolar em todo o mundo não tiveram acesso aos programas de aprendizagem a distância, principalmente devido à falta de bens domésticos necessários ou políticas voltadas para suas necessidades.
>
> ▶ 40% dos países não ofereceram oportunidades de aprendizagem a distância no nível da educação pré-escolar.
>
> Fonte: Unicef (2020, p. 1, passim, tradução livre).

Esse cenário trouxe imensos desafios aos educadores. Muitos deles se viram despreparados para uma transformação que teve de ocorrer rapidamente, sem o tempo necessário para a capacitação, o planejamento e a adaptação (Banco Mundial, 2021), o que se tornou fonte de grande estresse e frustração (Silva *et al.*, 2020). Além disso, a indefinição quanto à duração do afastamento das atividades presenciais foi outro fator que dificultou o planejamento pedagógico e gerou angústia em educadores, alunos e famílias.

No Brasil, professores enfrentaram dificuldades de acesso e de uso das tecnologias digitais, uma vez que a maioria não tinha formação específica para o ensino remoto. Muitos também não tinham acesso à internet e a equipamentos adequados, nem conheciam as plataformas que precisaram usar, o que exigiu esforço extra para o aprendizado num curto espaço de tempo (Barros; Vieira, 2021).

A adaptação da prática pedagógica, o preparo das aulas e dos materiais, a necessidade de conciliar trabalho e família em casa, de lidar com suas questões emocionais e as dos alunos e de orientar as famílias em relação à aprendizagem dos filhos trouxeram enorme desafio e desgaste aos educadores (Ludovico *et al.*, 2020). Somam-se a isso o impacto do distanciamento social, o medo de contaminar-se e, na rede privada, o receio da perda do emprego, com a ocorrência do fechamento de escolas. São múltiplos eventos que geraram reflexos deletérios para a saúde dos educadores e para o processo de ensino (Silva *et al.*, 2020).

Os estudantes igualmente viram-se imersos em uma nova rotina de um dia para outro, o que era impensável pouco tempo antes, e a frequência na escola foi substituída pela permanência em casa com a família, instalando uma nova dinâmica em suas vidas. A convivência com a rotina dos adultos, o distanciamento dos amigos, dos professores e de outros membros da família, a restrição das atividades corriqueiras, a possibilidade de adoecimento e de perda de familiares e amigos, além do próprio ensino remoto – acessível para alguns, difícil para muitos e impossível para outros tantos –, trouxeram um novo cotidiano desconcertante.

A interrupção do atendimento presencial pelas escolas comprometeu a socialização de crianças, adolescentes e jovens em um momento em que a interação com pares e adultos é extremamente relevante para o desenvolvimento de habilidades emocionais e de relacionamento.

CONEXÕES EDUCATIVAS

Dizemos que escola é um território dos afetos. De fato, todo processo de aprendizagem e desenvolvimento organizado nas escolas é resultado de múltiplos afetos decorrentes das interações das crianças e jovens entre eles, deles com seus professores, dos professores entre si, todos em conexão com suas famílias e com o ambiente físico e social.

Muito além dos conteúdos didáticos, é a experimentação constante desses afetos recíprocos que permite o desenvolvimento de conhecimentos e habilidades. É no contato direto, "sentindo o hálito", que se testam e se constroem as noções de limites e possibilidades criativas, além de valores e atitudes fundamentais para a vida em sociedade. Portanto, para ser plena e integral, a educação escolar precisa ser presencial, colaborativa, não domiciliar, sobretudo quando pensamos sobre as etapas infantil, fundamental e média.

No Brasil, nenhuma instituição do Estado é tão presente e capilarizada quanto a escola. Mesmo onde não há posto de saúde, prefeitura, água encanada e luz elétrica, até quando ali não há sequer uma cidade, encontramos uma escola. São 190 mil estabelecimentos públicos onde trabalham dois milhões de professores lecionando para 48 milhões de alunos. Uma instituição abrangente e, ao mesmo tempo, excludente. Porque sempre que a educação escolar é oferecida de maneira insuficiente, irregular e com baixa qualidade, ocorre a exclusão social, como essa que, historicamente, vem condenando milhões de brasileiros a uma espécie de "cidadania precária". Isso precisa mudar e depende de consciência política, determinação e mobilização.

A pandemia de Covid-19 aprofundou nosso quadro crônico de desigualdades e exclusão. Como vimos e ainda percebemos, a interrupção das atividades presenciais nas escolas afetou de modo diferente os distintos grupos sociais. Setores mais vulneráveis foram duramente atingidos, não só pela dificuldade de acesso a meios remotos de contato com a escola, mas também pelas formas mais severas do flagelo provocado pela crise econômica, o desemprego, a fome, a violência e pelas perdas provocadas pela doença.

Portanto, refletir e agir sobre os efeitos da pandemia sobre a educação implica dar atenção especial a essas diferenças, trabalhando duramente para mitigar as desigualdades. Uma educação com equidade é aquela que exige de cada um segundo suas possibilidades e provê a cada um de acordo com suas necessidades. Eis aqui um desafio radical e sensível que se impõe com mais força aos educadores e gestores educacionais. Nunca foi tão importante mobilizar os meios adequados para a escuta, acolhida e cuidados com a integridade física e mental de todos e de cada um sob a nossa responsabilidade. Nesse sentido, além de uma intensa articulação com os sistemas de saúde, assistência social, segurança alimentar e de proteção individual e coletiva, é indispensável fortalecer a vinculação dos profissionais da educação com as famílias, núcleo basilar de todo sistema social. Já não basta apenas ficar "à disposição de quem precisar" ou simplesmente tentar supor os dramas familiares que estão por trás das dificuldades das crianças. Mais do que antes, faz-se necessária uma atitude proativa em busca do diálogo e da cooperação com os pais e responsáveis. Tomar a iniciativa, ir em sua direção, envolvê-los na elaboração de estratégias e soluções, com a certeza de que, sem eles, não poderemos compreender e superar as múltiplas faces da calamidade cujas consequências continuarão a nos afligir por muito tempo ainda. Não é trabalho fácil, as condições são difíceis e o país precisa fazer um grande esforço para melhorá-las.

Como sabemos, a escola tem como objetivo maior o desenvolvimento integral da pessoa. No auge da pandemia foi imprescindível, em primeiro lugar, defender a vida, e isso justificou o longo período de suspensão das atividades presenciais. Contudo, a peste e o agravamento das condições do sistema escolar não podem, de maneira alguma, justificar negligência, rebaixamento ou supressão dos direitos educacionais dos estudantes. A lei brasileira estabelece que crianças, jovens e adultos são sujeitos de direitos e não precisam reivindicá-los para que a sociedade se desdobre para garanti-los.

Para isso, é fundamental compreender e zelar por esses direitos, assim como é necessário um esforço de planejamento e replanejamento da ação educativa, a fim de que eles sejam assegurados. Hoje sabemos que, com tudo o que passamos, um processo de retomada das atividades presenciais não poderia ter se resumido a, simplesmente, recomeçar do ponto em que paramos quando o "tsunâmi" nos atingiu no início de 2020. As consequências são duradouras e, por isso, os próximos muitos anos devem ser repensados sem perder o norte dos objetivos educacionais. Estamos desafiados a repensar tudo: desde a formação e apoio aos educadores até a revisão dos currículos, projetos pedagógicos e planos de aula, tudo precisa ser reavaliado. Um processo que leve em conta não só as feridas abertas e as cicatrizes deixadas pela pandemia, mas também o desafio de conceber e articular novos tempos, meios e espaços destinados a garantir os direitos individuais e coletivos. Nesse empenho, talvez seja possível reinventar a educação para melhor.

Educação escolar implica intencionalidade. Nos últimos anos, o Brasil realizou um grande esforço para sistematizar e enunciar os direitos de aprendizagem e desenvolvimento das crianças, jovens e adultos. A Base Nacional Comum Curricular, aprovada em documentos normativos em 2017 e 2018 pelo Conselho Nacional de Educação, constitui um referencial importante que deve ser observado pelos educadores de forma crítica e criativa. Nela estão detalhados, além dos direitos, os objetivos, conhecimentos e habilidades esperados, sejam para as diferentes fases da educação infantil, sejam para o ensino fundamental e médio. E, ao enunciar esses direitos, a BNCC também estabelece os deveres do Estado, das escolas, dos educadores, das famílias, do sistema de justiça, enfim, de toda a sociedade. No atual cenário, mesmo com seus defeitos e incompletudes, a Base adquire um papel singular na promoção da equidade e na luta de resistência contra os retrocessos e os ataques que a instituição escola, os educadores e os alunos vêm sofrendo, seja por causa da crise sanitária, seja no plano político e ideológico. Ela pode ser um norte importante e um sólido amálgama conectivo quando, além de vidas, nosso futuro está em risco. Lembrando que não há bons ventos quando não se sabe para onde ir e em que porto se quer chegar. Sendo a BNCC uma inspiração importante que ainda precisa ser mais bem apropriada pelos educadores brasileiros, essa tarefa deve ser tomada com prioridade pelas escolas e sistemas de ensino.

Sabemos que os educadores são os agentes principais das conexões criativas em torno da aprendizagem. A qualidade da educação depende em grande parte da qualidade das condições mediante as quais se exerce o magistério. Contudo, se o êxito das políticas educacionais depende da força dos professores, é espantoso constatar que eles tenham sido muitas vezes "esquecidos" no auge da crise sanitária. Eles também foram vítimas e sofreram severas perdas e danos, embora deles tanto se espere. A pandemia foi usada para justificar uma série de medidas autocráticas, de cima para baixo, e "soluções mágicas", especialmente aquelas relacionadas ao emprego das novas tecnologias. Mas tudo estará condenado ao fracasso se forem apequenadas as contribuições e a importância dos profissionais que são a "alma" da educação escolar. Por isso, quaisquer que sejam os instrumentos destinados ao enfrentamento dos problemas causados pela crise, os educadores precisam, necessariamente, ser respeitados e participar dos processos de criação e decisão.

Se formos capazes de realizar essas conexões virtuosas, talvez possamos não só superar os efeitos da tempestade que nos atingiu, mas sair dela muito melhores do que quando entramos.

CESAR CALLEGARI é sociólogo, educador e consultor educacional. Foi secretário de Educação Básica do MEC, secretário de Educação do Município de São Paulo e membro do Conselho Nacional de Educação, onde presidiu a Comissão de Elaboração da Base Nacional Comum Curricular. É presidente do Instituto Brasileiro de Sociologia Aplicada (IBSA).

Os desafios da escola frente à crise: processo de aprendizagem

Quando aconteceu o retorno às aulas presenciais no início de 2022, o que se evidenciou foi que o estudo remoto ou híbrido não substituiu o ensino presencial. O longo afastamento comprometeu o vínculo de crianças e adolescentes com a aprendizagem e com a escola, especialmente daqueles que já enfrentavam dificuldades ou déficits.

Análise feita pela organização Todos pela Educação e divulgada em fevereiro de 2022, com base nos dados da Pesquisa Nacional por Amostra de Domicílios Contínua (PNAD Contínua), alarmou que o número de crianças entre 6 e 7 anos que não sabem ler nem escrever aumentou 66,3% entre os anos de 2019 e 2021, sendo que a piora mais expressiva está entre as crianças pretas e pardas e mais pobres.

Estimativas feitas por um estudo publicado em 2021 denominado Perda de Aprendizagem na Pandemia indicavam que os estudantes aprendem no ensino remoto em média apenas 17% do conteúdo de Matemática e 38% do de Língua Portuguesa quando comparado ao ensino presencial.

Após as primeiras semanas do retorno às aulas presenciais, as escolas perceberam um aumento de situações que refletiam uma maior dificuldade de os estudantes interagirem socialmente e lidarem com as emoções, com aumento de comportamentos de isolamento, agressividade e reações emocionais intensas frente a situações escolares corriqueiras.

Certamente esses são alguns dos tantos efeitos dramáticos da pandemia de Covid-19 na educação brasileira que, se não forem adequadamente revertidos, poderão repercutir em aumento do fracasso escolar e da evasão, fatores de risco para o desenvolvimento saudável e para a saúde mental, com inúmeros impactos sociais.

Embora o cenário seja preocupante, muito pode ser feito, e a educação guarda em si enorme potência e possibilidades de transformação. São exigidas ações consistentes e estruturais no curto, médio e longo prazos do poder público, assim como dos profissionais da educação e da sociedade civil, em um esforço extraordinário para que as consequências negativas para crianças, adolescentes e jovens possam ser minimizadas. Essas ações precisam ser organizadas em diferentes frentes que, se bem coordenadas, podem gradativamente superar os prejuízos e serem preciosas oportunidades para a melhoria da educação.

Em vista da probabilidade de um aumento de 15% da evasão escolar na América Latina e Caribe (BANCO MUNDIAL, 2021), por exemplo, é importante que a escola fortaleça a articulação com áreas como a assistência social para uma busca ativa dos alunos que não voltarem, entrando em contato com as famílias e fazendo campanhas de esclarecimento sobre a importância de manterem suas crianças, adolescentes e jovens mais anos na escola, para que aumentem as chances de um futuro melhor.

A experiência com o ensino remoto ou híbrido e o aprimoramento de tais modalidades associadas ao ensino presencial podem contribuir para manter o vínculo dos estudantes com a escola, o engajamento e a qualidade da aprendizagem. A experiência que vivemos também mostra que é necessário debater novas formas de aproveitar outros espaços ao ar livre, que permitam a interação e a manutenção da atividade escolar no caso de enfrentarmos situações similares futuramente.

Uma coisa é certa: os efeitos dessa pandemia na educação escolar ainda serão sentidos por algum tempo. Antes desse evento, crianças, adolescentes e jovens já precisavam de acolhimento e apoio emocional – e continuarão precisando deles. As ações para que o processo de vinculação com a escola e com a aprendizagem aconteçam terão de ser elementos permanentes.

Adaptação gera aprendizado

Situações de crise são eventos estressores que podem ser bastante desestruturantes e a que todos nós, como indivíduos ou coletividades, estamos sujeitos ao longo da vida. Nesses momentos, contar com o suporte das pessoas ou das instituições é um diferencial para que se possa superar com menores prejuízos físicos, emocionais e psicológicos.

Como educadores e como escola, é importante que estejamos preparados para ser esse suporte de crianças, adolescentes, jovens e da própria comunidade em que estamos inseridos. A presença, a escuta, o acolhimento e o apoio têm comprovadamente efeito curativo e são habilidades que todos nós, não apenas como educadores, mas como seres humanos, somos capazes de oferecer. Estudos mostram que em diversos lugares do mundo, após o enfrentamento de situações de crise ou desastres, a escola é uma instituição fundamental na reorganização da comunidade e para sua coesão.

Até o momento, a pandemia de Covid-19 é considerada um evento sem precedentes na história. Deparamo-nos com um cenário nunca antes experienciado, por vezes desafiador, por outras, desolador. Tendo consciência disso, queremos manter a esperança de que experiências como as que vivemos também podem, ao nos demandar adaptações, gerar aprendizados.

Se, por um lado, situações difíceis nos desestruturam, por outro, são também oportunidades para exercitar e fortalecer a nossa resiliência, fazendo com que possamos sair delas mais confiantes em nós mesmos e nas pessoas que nos cercam.

A empatia e o trabalho em equipe nunca foram tão necessários. A necessidade da busca por autoconhecimento também. São recursos que certamente farão diferença quando tivermos que enfrentar outras situações tão desafiadoras.

Talvez, em algumas décadas, percebamos que esse terá sido o legado deste período para todos nós.

REFERÊNCIAS

Capítulo 1

APPEL, M.; WENDT, G. W.; ARGIMON, I. I. de L. A teoria da autodeterminação e as influências socioculturais sobre a identidade. *Psicologia em Revista*, Belo Horizonte, v. 16, n. 2, p. 351-369, ago. 2010.

BERBEL, N. A. N. As metodologias ativas e a promoção da autonomia de estudantes. *Semina: Ciências Sociais e Humanas*, Londrina, v. 32, n. 1, p. 25-40, jan./jun. 2011.

EVANS, M.; BOUCHER, A. R. Optimizing the Power of Choice: Supporting Student Autonomy to Foster Motivation and Engagement in Learning. *Mind, Brain, and Education*, v. 9, n. 2, p. 87-91, May 2015.

JANG, H.; REEVE, J.; DECI, Edward L. Engaging Students in Learning Activities: It Is not Autonomy Support or Structure but Autonomy Support and Structure. *Journal of Educational Psychology*, v. 102, n. 3, p. 588-600, 2010.

MARQUES, A. A parentalidade excessiva e as implicações na aprendizagem. *Construção Psicopedagógica*, São Paulo, v. 23, n. 24, p. 41-51, 2015.

SANT'ANA, R. B. Autonomia do sujeito: as contribuições teóricas de G. H. Mead. *Psicologia: Teoria e Pesquisa*, v. 25, n. 4, p. 467-477, 2010.

WRAY-LAKE, L.; CROUTER, A. C.; MCHALE, S. M. Developmental Patterns in Decision-Making Autonomy across Middle Childhood and Adolescence: European American Parents' Perspectives. *Child Development*, v. 81, n. 2, p. 636-651, 2010.

Capítulo 2

AQUINO, J. G. Indisciplina na escola: alternativas teóricas e práticas. *Cadernos de Pesquisa*, n. 99, p. 82, 1996.

AQUINO, J. G. *Autoridade e autonomia na escola: alternativas teóricas e práticas*. São Paulo: Summus, 1999.

BUENO, F. A.; SANT'ANA, R. B. de. A experiência geracional na fala de alunos de escola pública: a questão da autoridade docente. *Revista Brasileira de Estudos Pedagógicos*, v. 92, n. 231, p. 316-340, maio/ago. 2011.

JERRIM, J.; SIMS, S. *The Teaching and Learning International Survey (TALIS) 2018*: Research Report. London: UCL, Institute of Education, 2019. Disponível em: https://assets.publishing.service.gov.uk/government/uploads/system/uploads/attachment_data/file/919064/TALIS_2018_research.pdf. Acesso em: 04 abr. 2023.

LA TAILLE, Y. de. *Limites: três dimensões educacionais*. São Paulo: Ática, 2012.

LOPES, R. B.; GOMES, C. A. Paz na sala de aula é uma condição para o sucesso escolar: que revela a literatura? *Ensaio: Avaliação e Políticas Públicas em Educação*, Rio de Janeiro, v. 20, n. 75, p. 261-281, abr./jun. 2012.

VINHA, T. P.; TOGNETTA, L. R. P. As regras e o ambiente sociomoral da sala de aula. *In*: BRABO, T. S. A. M.; CORDEIRO, A. P.; MILANEZ, S. G. C. (Orgs.). *Formação da pedagoga e do pedagogo: pressupostos e perspectivas*. Marília: Oficina Universitária; São Paulo: Cultura Acadêmica, 2012. p. 35-65.

Capítulo 3

AMERICAN PSYCHOLOGICAL ASSOCIATION. Guidelines for Psychological Practice with Lesbian, Gay, and Bisexual Clients. *American Psychologist*, v. 67, n. 1, p. 10-42, Jan. 2012.

AMERICAN PSYCHOLOGICAL ASSOCIATION. Understanding Transgender People, Gender Identity and Gender Expression. *American Psychological Association*, 3. ed. 2011. Disponível em: https://www.apa.org/topics/lgbtq/transgender.pdf. Acesso em: 15 maio 2023.

FIGUEIRÓ, M. N. D. *Homossexualidade e educação sexual: construindo o respeito à diversidade.* Londrina: EDUEL, 2007.

FIGUEIRÓ, M. N. D. *Formação de educadores sexuais: adiar não é mais possível.* 2. ed. rev. atual. e amp. Londrina: EDUEL, 2014.

FIGUEIRÓ, M. N. D. *Educação sexual: saberes essenciais para quem educa.* Curitiba: CRV, 2018.

FIGUEIRÓ, M. N. D. *Educação sexual no dia a dia.* 2. ed. rev. atual. e amp. Londrina: EDUEL, 2020a.

FIGUEIRÓ, M. N. D. *Educação sexual: retomando uma proposta, um desafio.* Londrina: Eduel, 2020b.

GEGENFURTNER, A.; GEBHARDT, M. Sexuality Education Including Lesbian, Gay, Bisexual, and Transgender (LGBT) Issues in Schools. *Educational Research Review*, v. 22, p. 215-222, Nov. 2017. Disponível em: https://www.sciencedirect.com/science/article/abs/pii/S1747938X17300386. Acesso em: 10 abr. 2023.

KOSCIW, J. G.; PALMER, N. A.; KULL, R. M. Reflecting Resiliency: Openness about Sexual Orientation and/or Gender Identity and its Relationship to Well-Being and Educational Outcomes for LGBT Students. *American Journal of Community Psychology*, v. 55, n. 1-2, p. 167-178, Mar. 2015.

OLIVEIRA, M. de; MAIO, E. de. Formação de professores/as para abordagem da educação sexual na escola. *Espaço Plural*, v. 13, n. 26, p. 45-54, 2012.

QUIRINO, G.; ROCHA, J. B. T. da. Sexualidade e educação sexual na percepção docente. *Educar em Revista*, v. 28, n. 43, p. 205-224, mar. 2012.

ROBERTS, A. L. *et al.* Childhood Gender Nonconformity: A Risk Indicator for Childhood Abuse and Posttraumatic Stress in Youth. *Pediatrics*, v. 129, n. 3, p. 410-417, Mar. 2012.

SAADEH, A. *Transtorno de identidade sexual: um estudo psicopatológico de transexualismo masculino e feminino.* São Paulo, 2004. 279f. Tese

(Doutorado em Psiquiatria) – Faculdade de Medicina, Universidade de São Paulo, São Paulo, 2004. Disponível em: https://www.teses.usp.br/teses/disponiveis/5/5142/tde-09082005-115642/pt-br.php. Acesso em: 12 abr. 2023.

TOOMEY, R.B. *et al.* Gender-Nonconforming Lesbian, Gay, Bisexual, and Transgender Youth: School Victimization and Young Adult Psychosocial Adjustment. *Developmental Psychology*, v. 46, n. 6, p. 1.580-1589, Nov. 2010.

Capítulo 4

BARBOSA, P. de S. *Curso de dificuldades de aprendizagem*. São Luís: Universidade Estadual do Maranhão (UEMA); Núcleo de Tecnologias para Educação (UEMANet), 2015. Disponível em: http://oincrivelze.com.br/wp-content/uploads/2015/12/Fasc%C3%ADculo_Dificuldades-de-Aprendizagem-Unidade-1.pdf. Acesso em: 12 ago. 2021.

BOSSA, N. A. *Fracasso escolar: um olhar psicopedagógico*. Porto Alegre: Artmed, 2002.

BULL, M. J. Down Syndrome. *New England Journal of Medicine*, v. 382, n. 24, p. 2.344-2352, 2020.

CORTIELLA, C.; HOROWITZ, S. H. *The State of Learning Disabilities: Facts, Trends and Emerging Issues*. New York: National Center for Learning Disabilities, 2014. 52 p. Disponível em: https://www.ncld.org/wp-content/uploads/2014/11/2014-State-of-LD.pdf. Acesso em: 04 abr. 2023.

FREITAS, F. M. P. R. *et al.* Estudo sociorreflexivo frente ao fracasso escolar e problemas de aprendizagem de estudantes: revisão integrativa da literatura. *Revista Caribeña de Ciencias Sociales*, n. 2018-02, feb. 2018.

JESTE, S. S. Neurodevelopmental Behavioral and Cognitive Disorders. *Continuum: Lifelong Learning in Neurology*, v. 21, n. 3, p. 690-714, June 2015.

PAÍN, S. Aprendizagem e educação. *In*: PAÍN, Sara. *Diagnóstico e tratamento dos problemas de aprendizagem*. Porto Alegre: Artes Médicas, 1985. p. 11-33.

PINHEIRO, Â. M. V. *et al*. Protocolo de Avaliação para o diagnóstico diferencial dos Transtornos Específicos da Aprendizagem. *Paidéia*, Belo Horizonte, v. 13, n. 19, p. 13-28, jan./jun. 2018.

PITOMBO, E. M. Problemas de aprendizado escolar, responsabilidade de quem? *Blog Elisa Pitombo*, jun. 2004. Disponível em: http://elisapitombo.blogspot.com/2008/06/artigos-publicados-para-ler-pensar-e.html. Acesso em: 02 jun. 2023.

QUANTO maior a escolaridade, melhores são as oportunidades salariais. *Estado de Minas*, 14 ago. 2018. Disponível em: https://bit.ly/3M9sZOU. Acesso em: 15 maio 2023.

RIBEIRO, M. G. Desigualdades de renda: a escolaridade em questão. *Educação & Sociedade*, v. 38, p. 169-188, 2016.

ROSA, A. da S. *et al*. *Conversando sobre saúde mental e emocional na escola*. São Paulo: Fundación MAPFRE, 2021.

ROLFSEN, A. B.; MARTINEZ, C. M. S. Programa de intervenção para pais de crianças com dificuldades de aprendizagem: um estudo preliminar. *Paidéia*, Ribeirão Preto, v. 18, p. 175-188, 2008.

SILVA, M. C. Dificuldades de aprendizagem: do histórico ao diagnóstico. *O portal dos psicólogos*, p. 1-13, 2008.

SILVA, M.; LOUREIRO, A.; CARDOSO, G. Social Determinants of Mental Health: A Review of the Evidence. *The European Journal of Psychiatry*, v. 30, n. 4, p. 259-292, 2016.

TREVISOL, J. V.; MAZZIONI, L. A universalização da Educação Básica no Brasil: um longo caminho. *Roteiro*, v. 43, p. 13-46, 2018.

Capítulo 5

BARRERA PÉREZ, S. G. P.; FREITAS, S. N. Encaminhamentos pedagógicos com alunos com Altas Habilidades/Superdotação na

Educação Básica: o cenário brasileiro. *Educar em Revista*, n. 41, p. 109-124, 2011.

BRASIL. Ministério da Educação. Secretaria de Educação Especial de São Paulo. *Saberes e práticas da inclusão: desenvolvendo competências para o atendimento às necessidades educacionais especiais de alunos com altas habilidades/superdotação*. 2. ed. Brasília: MEC; SEESP, 2006. 143 p. (Série Saberes e Práticas da Educação). Disponível em: http://portal.mec.gov.br/seesp/arquivos/pdf/altashabilidades.pdf. Acesso em: 17 abr. 2023.

HOOGEVEEN, L.; VAN HELL, J. G.; VERHOEVEN, L. Social-Emotional Characteristics of Gifted Accelerated and Non-Accelerated Students in the Netherlands. *British Journal of Educational Psychology*, v. 82, n. 4, p. 585-605, 26 Aug. 2011. Disponível em: http://dx.doi.org/10.1111/j.2044-8279.2011.02047.x. Acesso em: 17 abr. 2023.

LITTLE, C. A. Curriculum as Motivation for Gifted Students. *Psychology in the Schools*, v. 49, n. 7, p. 695-705, 12 June 2012. Disponível em: http://dx.doi.org/10.1002/pits.21621. Acesso em: 17 abr. 2023.

PÉREZ, S. G. P. B. Altas habilidades/superdotação: uma larga brecha entre as letras do papel e o chão da escola. *APRENDER-Caderno de Filosofia e Psicologia da Educação*, v. 15, n. 26, p. 176-197, jul./dez. 2021. Disponível em: https://periodicos2.uesb.br/index.php/aprender/article/view/10043. Acesso em: 17 abr. 2023.

SOUZA, L. Mais de 24 mil crianças no Brasil são superdotadas. *Agência Brasil*, 10 ago. 2021. Disponível em: https://agenciabrasil.ebc.com.br/geral/noticia/2021-08/Mais-de-24-mil-criancas-no-brasil-sao-superdotadas-mostra-censo. Acesso em: 17 abr. 2023.

Capítulo 6

ALMEIDA, S. B.; CARDOSO, L. R. D.; COSTAC, V. V. Bullying: conhecimento e prática pedagógica no ambiente escolar. *Psicologia*

Argumento, Curitiba, v. 27, n. 58, p. 201-206, jul./set. 2009. Disponível em: https://pesquisa.bvsalud.org/portal/resource/pt/lil-540794. Acesso em: 17 abr. 2023.

AVILÉS MARTÍNEZ, J. M.; TORRES VICENTE, N.; VIAN BARÓN, M. Equipos de ayuda, maltrato entre iguales y convivencia escolar. *Revista Electrónica de Investigación Psicoeducativa*, v. 6, n. 16, p. 863-886, 2008. Disponível em: http://repositorio.ual.es/bitstream/handle/10835/656/Art_16_289.pdf. Acesso em: 17 abr. 2023.

BISWAS, T. *et al*. Global Variation in the Prevalence of Bullying Victimisation amongst Adolescents: Role of Peer and Parental Supports. *eClinicalMedicine*, v. 20, p. 100276, mar. 2020. Disponível em: http://dx.doi.org/10.1016/j.eclinm.2020.100276. Acesso em: 17 abr. 2023.

CRAIG, W. *et al*. A Cross-National Profile of Bullying and Victimization among Adolescents in 40 Countries. *International Journal of Public Health*, v. 54, supl. 2, p. 216-224, 2009. Disponível em: https://doi.org./10.1007/s00038-009-5413-9. Acesso em: 17 abr. 2023.

DA SILVA, J. L. *et al*. The Effects of a Skill-Based Intervention for Victims of Bullying in Brazil. *International journal of environmental research and public health*, v. 13, n. 11, p. 1042, 2016.

FANTE, C. *Fenômeno bullying: como prevenir a violência nas escolas e educar para a paz*. São Paulo: Verus, 2005.

GLADDEN, R. M.; VIVOLO-KANTOR, A. M.; HAMBURGER, M. E.; LUMPKIN, C. D. *Bullying Surveillance among Youths: Uniform Definitions for Public Health and Recommended Data Elements*. vers. 1.0. Atlanta: Centers for Disease Control and Prevention, 2014.

HONG, J. S.; KRAL, M. J.; STERZING, P. R. Pathways from Bullying Perpetration, Victimization, and Bully Victimization to Suicidality among School-Aged Youth: A Review of the Potential Mediators and a Call for Further Investigation. *Trauma Violence Abuse*, v. 16, n. 4, p. 379-390, 2015. Disponível em: https://pubmed.ncbi.nlm.nih.gov/24903399/. Acesso em: 17 abr. 2023.

JUVONEN, J.; GRAHAM, S. Bullying in Schools: The Power of Bullies and the Plight of Victims. *Annual Review of Psychology*, v. 65, p. 159-185, Jan. 2014. Disponível em: https://www.annualreviews.org/doi/pdf/10.1146/annurev-psych-010213-115030#article-denial. Acesso em: 17 abr. 2023.

KLOMEK, A. B.; OURANDER, A.; ELONHEIMO, H. Bullying by Peers in Childhood and Effects on Psychopathology, Suicidality, and Criminality in Adulthood. *The Lancet Psychiatry*, v. 2, n. 10, p. 930-941, Oct. 2015. Disponível em: http://dx.doi.org/10.1016/s2215-0366(15)00223-0. Acesso em: 17 abr. 2023.

KOYANAGI, A.; OH, H.; CARVALHO A. F. *et al.* Bullying Victimization and Suicide Attempt Among Adolescents Aged 12-15 Years From 48 Countries. *Journal of the American Academy of Child and Adolescent Psychiatry*, 58(9), p. 907-918, 2019. Disponível em: https://bit.ly/3pFUmsy. Acesso em: 15 maio 2023.

LEREYA, S. T.; WINSPER, C.; HERON, J. *et al.* Being Bullied During Childhood and the Prospective Pathways to Self-Harm in Late Adolescence. *Journal of the American Academy of Child and Adolescent Psychiatry*, v. 52, p. 608-618e2, May 2013. Disponível em: https://pubmed.ncbi.nlm.nih.gov/23702450/. Acesso em: 17 abr. 2023.

MATTOS, M. Z.; JAEGER, A. A. Bullying and Gender Relations at School. *Movimento*, v. 21, n. 2, p. 349-361, abr./jun. 2015. Disponível em: https://seer.ufrgs.br/Movimento/article/download/48001/34212.

MELLO, F. C. M. *et al.* Evolução do relato de sofrer bullying entre escolares brasileiros: Pesquisa Nacional de Saúde do Escolar-2009 a 2015. *Revista Brasileira de Epidemiologia*, v. 21, 2018.

MOOIJ, T. Differences in Pupil Characteristics and Motives in Being a Victim, Perpetrator and Witness of Violence in Secondary Education. *Research Papers in Education*, v. 26, n. 1, p. 105-128, Nov. 2011. Disponível em: https://www.tandfonline.com/doi/full/10.1080/02671520903191196?scroll=top&needAccess=true. Acesso em: 17 abr. 2023.

MRUG, S.; WINDLE, M. Bidirectional Influences of Violence Exposure and Adjustment in Early Adolescence: Externalizing Behaviors and School Connectedness. *Journal of Abnormal Child Psychology*, v. 37, n. 5, p. 611-623, July 2009. Disponível em: https://pubmed.ncbi.nlm.nih.gov/19199024/. Acesso em: 17 abr. 2023.

OLIVEIRA, E. Bullying, indisciplina e solidão: o clima nas escolas brasileiras revelado pelo Pisa 2018. *G1*, 4 dez. 2019. Disponível em: https://g1.globo.com/educacao/noticia/2019/12/04/bullying-indisciplina-e-solidao-o-clima-nas-escolas-brasileiras-reveladas-pelo-pisa-2018.ghtml. Acesso em: 17 abr. 2023.

ORGANIZAÇÃO DAS NAÇÕES UNIDAS. Mais de um terço dos jovens em 30 países relatam ser vítimas de *bullying* online. *Unicef*, 4 set. 2019. Disponível em: https://bit.ly/44ZYx2u. Acesso em: 15 maio 2023.

PERREN, S.; ALSAKER, F. D. Social Behavior and Peer Relationships of Victims, Bully-Victims, and Bullies in Kindergarten. *Journal of Child Psychology and Psychiatry*, v. 47, pp. 45-57, 2006. Disponível em: https://doi.org/10.1111/j.1469-7610.2005.01445.x. Acesso: 17 abr. 2023.

PIAGET, J. *O juízo moral na criança*. 3. ed. São Paulo: Summus, [1932] 1994.

PIKAS, A. A Pure Concept of Mobbing Gives the Best Results for Treatment. *School Psychology International*, v. 10, n. 2, p. 95-104, 1989.

PISA. *Organization for Economic Cooperation and Development* (OECD), 2018. Disponível em: https://www.oecd.org/pisa/. Acesso em: 15 maio 2023.

SILVA, J. L. *et al*. Como você se sente? Emoções de estudantes após praticarem bullying. *Revista Eletrônica de Enfermagem*, v. 17, n. 4, p. 1-9, abr. 2015. Disponível em: https://revistas.ufg.br/fen/article/view/32735. Acesso: 17 abr. 2023.

SILVA, J. L. *et al*. The Effects of a Skill-Based Intervention for Victims of Bullying in Brazil. *International Journal of Environmental Research and Public Health*, v. 13, n. 11, p. 1.042-1.052, Nov. 2016. Disponível em: https://www.ncbi.nlm.nih.gov/pmc/articles/PMC5129252/. Acesso em: 17 abr. 2023.

SILVA, J. L. *et al*. Prevalência da prática de bullying referida por estudantes brasileiros: dados da Pesquisa Nacional de Saúde do Escolar, 2015. *Epidemiol. Serv. Saúde*, v. 28, n. 2, p. e2018178. Disponível em: http://www.scielo.br/scielo.php?script=sci_arttext&pid=S2237-96222019000200304&lng=en. Acesso em: 17 abr. 2023.

SMITH, P. K.; COWIE, H.; OLAFSSON, R. F. *et al*. Definitions of Bullying: A Comparison of Terms Used, and Age and Gender Differences, in a Fourteen-Country International Comparison. *Child Development*, v. 73, n. 4, p. 1.119-1.133, July/Aug. 2002. Disponível em: https://pubmed.ncbi.nlm.nih.gov/12146737/. Acesso em: 17 abr. 2023.

SRABSTEIN, J. C.; MCCARTER, R. J.; SHAO, C.; HUANG, Z. J. Morbidities Associated with Bullying Behaviors in Adolescents. School Based Study of American Adolescents. *International Journal of Adolescent Medicine and Health*, v. 18, n. 4, p. 587-596, Oct./Dec. 2006. Disponivel em: doi: 10.1515/ijamh.2006.18.4.587. PMID: 17340850. Acesso em: 02 jun. 2023.

TOGNETTA, L. R. P.; BOZZA, T. L. Cyberbullying: um estudo sobre a incidência do desrespeito no ciberespaço e suas relações com as representações que adolescentes têm de si. *Nuances*, v. 23, n. 24, p. 162-178, 2012. Disponível em: https://revista.fct.unesp.br/index.php/Nuances/article/view/1896. Acesso em: 17 abr. 2023.

PESQUISA DO UNICEF: Mais de um terço dos jovens em 30 países relatam ser vítimas de bullying on-line. *Unicef Brasil*, comunicado de imprensa, 4 set. 2019. Disponível em: https://www.unicef.org/brazil/comunicados-de-imprensa/mais-de-um-terco-dos-jovens-em-30-paises-relatam-ser-vitimas-bullying-online. Acesso em: 17 abr. 2023.

ZAITEGI, N. *et al*. La educación en y para la convivencia positiva em España. *Revista Iberoamericana sobre Calidad, Eficacia y Cambio em la Educación*, v. 8, n. 2, p. 93-113, 2010. Disponível em: https://revistas.uam.es/reice/article/view/5362. Acesso em: 17 abr. 2023.

Capítulo 7

CAMPOS, G. M.; FIGLIE, N. B. Prevenção ao uso nocivo de substâncias focada no indivíduo e no ambiente. *In*: DIEHL, A.; CORDEIRO, D. C.; LARANJEIRA, R. *Dependência química: prevenção, tratamento e políticas públicas.* Porto Alegre: Artmed, 2011. p. 481-494.

DAS, J. K. *et al*. Interventions for Adolescent Substance Abuse: An Overview of Systematic Reviews. *Journal of Adolescent Health*, v. 59, n. 4, p. S61-S75, Oct. 2016. Disponível em: https://www.ncbi.nlm.nih.gov/pmc/articles/PMC5026681/. Acesso em: 17 abr. 2023.

FAGGIANO, F. *et al*. Universal School-Based Prevention for Illicit Drug Use. *Cochrane Database of Systematic Reviews*, n. 12, 2014. Disponível em: https://pubmed.ncbi.nlm.nih.gov/25435250/. Acesso em: 17 abr. 2023.

FOXCROFT, D. R. Can Prevention Classification Be Improved by Considering the Function of Prevention? *Prevention Science*, v. 15, n. 6, p. 818-222, Dec. 2014. Disponível em: https://pubmed.ncbi.nlm.nih.gov/24052320/. Acesso em: 17 abr. 2023.

IBGE (INSTITUTO BRASILEIRO DE GEOGRAFIA E ESTATÍSTICA). *Pesquisa Nacional de Saúde do Escolar (PeNSE)*. Rio de Janeiro: IBGE, 2019.

MCBRIDE, N. A. Systematic Review of School Drug Education. *Health Education Research*, v. 18, n. 6, p. 729-742, Dec. 2003. Disponível em: 17 abr. 2023.

NIDA (NATIONAL INSTITUTE ON DRUG ABUSE). *Preventing Drug Use Among Children and Adolescents: A Research-Based Guide for Parents, Educators, and Community Leaders.* 2. ed. Bethesda, MD: NIH Publications, 2003. 49 p. Disponível em: https://nida.nih.gov/sites/default/files/preventingdruguse_2_1.pdf. Acesso em: 17 abr. 2023.

PENSE. *Pesquisa Nacional de Saúde do Escolar*, 2019. Disponível em: https://bit.ly/4562X8a. Acesso em: 15 maio 2023.

PEREIRA, A. P. D.; SANCHEZ, Z. M. Características dos programas escolares de prevenção ao uso de drogas no Brasil. *Ciência & Saúde Coletiva*, v. 25, n. 8, p. 3.131-3.142, ago. 2020. Disponível em: https://bit.ly/43AZzRH. Acesso em: 17 abr. 2023.

SANCHEZ, Z. M. *et al*. The Role of Normative Beliefs in the Mediation of a School-Based Drug Prevention Program: A Secondary Analysis of the #Tamojunto Cluster-Randomized Trial. *Plos One*, v. 14, n. 1, p. e0208072, 2019. Disponível em: https://www.cabdirect.org/globalhealth/abstract/20193119244. Acesso em: 17 abr. 2023.

SLOBODA, Z. Vulnerability and Risks: Implications for Understanding Etiology and Drug Use Prevention. *In*: SCHEIER, I. M. *Handbook of Adolescents Drug Use Prevention: Research, Intervention Strategies, and Practice*. Washington: American Psychological Association, 2015.

THOM, B. Good Practice in School Based Alcohol Education Programmes. *Patient Education and Counseling*, v. 100, n. 1, p. S17-S23, 2017. Disponível em: https://pubmed.ncbi.nlm.nih.gov/26718032/. Acesso em: 17 abr. 2023.

UNODC (UNITED NATIONS OFFICE ON DRUGS AND CRIME). *International Standards on Drug Use Prevention*. Viena: UNODC, 2013.

Capítulo 8

ANDRIESSEN, K. *et al*. Effectiveness of Interventions for People Bereaved through Suicide: A Systematic Review of Controlled Studies of Grief, Psychosocial and Suicide-Related Outcomes. *BMC Psychiatry*, v. 19, p. 49, 2019a. Disponível em: doi: 10.1186/s12888-019-2020-z. Acesso em: 17 abr. 2023.

ANDRIESSEN, K. *et al*. Suicide Postvention Service Models and Guidelines 2014-2019: A Systematic Review. *Front. Psychol.*, v. 10, art. 2677, 2019b. Disponível em: doi: 10.3389/fpsyg.2019.02677. Acesso em: 17 abr. 2023.

BRASIL. Ministério da Saúde. Secretaria de Atenção à Saúde. Núcleo Técnico da Política Nacional de Humanização. *Acolhimento nas práticas de produção de saúde*. 2. ed. Brasília: Ed. Ministério da Saúde, 2008. 44 p. (Série B. Textos Básicos de Saúde). Disponível em: https://bvsms.saude.gov.br/bvs/publicacoes/acolhimento_praticas_producao_saude_2ed.pdf. Acesso em: 17 abr. 2023.

BRASIL. Lei n.º 13.415, de 16 de fevereiro de 2017. Altera as leis n.º 9.394, de 20 de dezembro de 1996, que estabelece as diretrizes e bases da educação nacional, e n.º 11.494, de 20 de junho de 2007, que regulamenta o Fundo de Manutenção e Desenvolvimento da Educação Básica e de Valorização dos Profissionais da Educação, a Consolidação das Leis do Trabalho (CLT), aprovada pelo Decreto-Lei n.º 5.452, de 1º de maio de 1943, e o Decreto-Lei n.º 236, de 28 de fevereiro de 1967; revoga a Lei n.º 11.161, de 5 de agosto de 2005; e institui a Política de Fomento à Implementação de Escolas de Ensino Médio em Tempo Integral. *Diário Oficial da União*, Brasília, DF, 2017a.

BRASIL. Ministério da Saúde. Portaria Interministerial n.º 1.055, 25 de abril de 2017. Redefine as regras e os critérios para adesão ao Programa Saúde na Escola (PSE) por estados, Distrito Federal e dispõe sobre o respectivo incentivo financeiro para custeio e ações. Brasília, DF, 2017b.

BRASIL. Ministério da Saúde. Secretaria de Vigilância em Saúde. Coordenação-Geral de Informações e Análises Epidemiológicas (MS/SVS/CGIAE). *Sistema de Informação sobre Mortalidade* (SIM). Disponível em: https://bit.ly/3KGFMaV. Acesso em: 24 set. 2021.

CALLAHAN, J. Negative Effects of a School Suicide Postvention Program: A Case Example. *Crisis*, v. 17, n. 3, p. 108-115, 1996. Disponível em: https://econtent.hogrefe.com/doi/abs/10.1027/0227-5910.17.3.108. Acesso em: 17 abr. 2023.

CDC (CENTERS FOR DISEASE CONTROL AND PREVENTION). Connection Is Key to Good Adolescent Mental Health. 5 abr. 2021. Disponível em: http://out2learnhou.org/

connection-is-key-to-good-adolescent-mental-health-cdc/. Acesso em: 17 abr. 2023.

CDC (CENTERS FOR DISEASE CONTROL AND PREVENTION). WISQARS 2010-2019. 2020. Disponível em: https://www.cdc.gov/injury/wisqars/fatal.html. Acesso em: 17 abr. 2023.

CDC (CENTERS FOR DISEASE CONTROL AND PREVENTION). Youth Risk Behavior Survey: Data Summary & Trends Report – 2009-2019. 2020. Disponível em: https://www.cdc.gov/healthyyouth/data/yrbs/pdf/YRBSDataSummaryTrendsReport2019-508.pdf. Acesso em: 17 abr. 2023.

CHA, J. M. *et al.* Five Months Follow-Up Study of School-Based Crisis Intervention for Korean High School Students Who Experienced a Peer Suicide. *Journal of Korean Medical Science*, v. 33, n. 28, p. e192, 2018. Disponível em: https://jkms.org/DOIx.php?id=10.3346/jkms.2018.33.e192. Acesso em: 17 abr. 2023.

DE GROOT, M.; KOLLEN, B. J. Course of Bereavement over 8-10 Years in First Degree Relatives and Spouses of People Who Committed Suicide: Longitudinal Community Based Cohort Study. *BMJ*, v. 347, p. f5519, 2013. Disponível em: https://www.bmj.com/content/347/bmj.f5519. Acesso em: 17 abr. 2023.

ERLANGSEN, A.; PITMAN, A. Effects of Suicide Bereavement on Mental and Physical Health. *In*: ANDRIESSEN, K.; KRYSINSKA, K.; GRAD, O. *Postvention in Action: The International Handbook of Suicide Bereavement Support*. Göttingen; Boston: Hogrefe, 2017.

FOUCAULT, M. Ética, sexualidade, política. Rio de Janeiro: Forense Universitária, 2006. (Coleção Ditos & Escritos, v. 5).

FOUCAULT, M. *Microfísica do poder*. Rio de Janeiro: Graal, 2008.

FOUCAULT, M. *História da sexualidade: o cuidado de si*. Rio de Janeiro: Graal, 2009. v. 3.

FOUCAULT, M. *A hermenêutica do sujeito*. São Paulo: WMF Martins Fontes, 2010.

FUKUMITSU, K. O. Xiquexique nasce em telhado: reflexões sobre diferença, indiferença e indignação. *Revista de Gestalt*, São Paulo, v. 17, p. 69-71, 2012.

FUKUMITSU, K. O. *Suicídio e luto: histórias de filhos sobreviventes*. São Paulo: Digital Publish e Print, 2013.

FUKUMITSU, K. O. A busca de sentido no processo de luto: escuta, Zé Alguém. *Revista de Gestalt*, São Paulo, v. 19, p. 59-61, 2014.

FUKUMITSU, K. O. Facetas da autodestruição: suicídio, adoecimento autoimune e automutilação. *In*: FRAZÃO, L.; FUKUMITSU, K. O. (Orgs.). *Quadros clínicos disfuncionais e gestalt-terapia*. São Paulo: Summus, 2017.

FUKUMITSU, K. O. *Programa Raise: gerenciamento de crises, prevenção e posvenção do suicídio em escolas*. São Paulo: Phorte, 2019a.

FUKUMITSU, K. O. *Sobreviventes enlutados por suicídio: cuidados e intervenções*. São Paulo: Summus, 2019b.

FUKUMITSU, K. O.; KOVÁCS, M. J. O luto por suicídios: uma tarefa da posvenção. *Revista Brasileira de Psicologia*, Salvador, v. 2, n. 2, p. 41-7, jul./dez. 2015.

JAMISON, K. R. *Quando a noite cai: entendendo a depressão e o suicídio*. 2. ed. Rio de Janeiro: Gryphus, 2010.

KÕLVES, K. *et al*. The Impact of a Student's Suicide: Teachers' Perspectives. *Journal of Affective Disorders*, v. 207, p. 276-281, jan. 2017. Disponível em: https://pubmed.ncbi.nlm.nih.gov/27736739/. Acesso em: 17 abr. 2023.

LEVI-BELZ, Y.; KRYSINSKA, K.; ANDRIESSEN, K. "Turning Personal Tragedy into Triumph": A Systematic Review and Meta-Analysis of Studies on Posttraumatic Growth among Suicide-Loss Survivors. *Psychological Trauma: Theory, Research, Practice, and Policy*, v. 13, n. 3, p. 322-332, Nov. 2020. Disponível em: https://doi.org/10.1037/tra0000977. Acesso em: 17 abr. 2023.

MAURO, C. *et al.* Prolonged Grief Disorder: Clinical Utility of ICD-11 Diagnostic Guidelines. *Psychological Medicine*, v. 49, n. 5, p. 861-867, 2019. Disponível em: https://bit.ly/409Nv7a. Acesso em: 17 abr. 2023.

MERHY, E. E. Em busca do tempo perdido: a micropolítica do trabalho vivo em saúde. *In*: MERHY, E. E.; ONOCK, R. (Orgs.). *Agir em saúde: um desafio para o público*. São Paulo: Hucitec, 1997.

MERHY, E. E.; CECÍLIO, L. C. O. *Algumas reflexões sobre singular processo de coordenação dos hospitais*. Campinas, 2002. 13p. Disponível em: http://www.pbh.gov.br/smsa/biblioteca/concurso/coordenacaohospitalar.pdf. Acesso em: 17 abr. 2023.

PFEFFER, C. R. *et al.* Group Intervention for Children Bereaved by the Suicide of a Relative. *Journal of the American Academy of Child and Adolescent Psychiatry*, n. 41, p. 505-513, May 2002. Disponível em: https://pubmed.ncbi.nlm.nih.gov/12014782/. Acesso em: 17 abr. 2023.

SAMHSA (SUBSTANCE ABUSE AND MENTAL HEALTH SERVICES ADMINISTRATION). *Preventing Suicide: A Toolkit for High Schools*. U.S. Department of Health and Human Services, SAMHSA, Center for Mental Health Services, June 2012. Disponível em: https://store.samhsa.gov/product/Preventing-Suicide-A-Toolkit-for-High-Schools/SMA12-4669. Acesso em: 17 abr. 2023.

SCHOTANUS-DIJKSTRA, M. *et al.* What Do the Bereaved by Suicide Communicate in Online Support Groups? *Crisis*, v. 35, n. 1, p. 27-35, 2014. Disponível em: https://pubmed.ncbi.nlm.nih.gov/24067249/. Acesso em: 17 abr. 2023.

SHNEIDMAN, E. *Deaths of Man*. New York: Quadrangle, 1973.

SHNEIDMAN, E. *Definition of Suicide*. New York: John Wiley & Sons, 1985.

SHNEIDMAN, E. *Suicide as Psychache: A Clinical Approach to Self-Destructive Behavior*. New Jersey: Jason Aronson, 1993.

SHNEIDMAN, E. The Suicidal Mind. Oxford: Oxford University Press, 1996.

SHNEIDMAN, E. *Compreending Suicide: Landmarks in 20th-Century Suicidology*. Washington: American Psychological Association, 2001.

STILLION, J. M. Survivors of Suicide. *In*: DOKA, K. J. (Ed.). *Living with Grief After Sudden Loss: Suicide, Homicide, Accident, Heart Attack, Stroke*. New York: Taylor & Francis, 1996.

WHO (WORLD HEALTH ORGANIZATION). *Preventing Suicide: A Global Imperative*. Genebra: World Health Organization, 2014. Disponível em: https://www.who.int/publications/i/item/9789241564779. Acesso em: 17 abr. 2023.

ZISOOK, S. *et al*. Treatment of Complicated Grief in Survivors of Suicide Loss: A Heal Report. *Journal of Clinical Psychiatry*, v. 79, n. 2, p. 17m11592, Mar./Apr. 2018. Disponível em: https://pubmed.ncbi.nlm.nih.gov/29617064/. Acesso em: 17 abr. 2023.

Capítulo 9

BAVELIER, D. *et al*. Brains on Video Games. *Nature Reviews Neuroscience*, v. 12, n. 12, p. 763-768, Dec. 2011.

BELLACK, A.; HERSEN, M. *Behavioral Assessment: A Practical Handbook*. Needham Heights, Massachusetts: Allyn & Bacon, 1998.

BRUNBORG, G. S. Gaming Addiction, Gaming Engagement, and Psychological Health Complaints Among Norwegian Adolescents. *Media Psychology*, p. 115-128, 2013.

CHIN, A. Paw *et al*. The Motivation of Children to Play an Active Video Game. *Journal of Science and Medicine in Sport*, v. 11, n. 2, p. 163-166, abr. 2008.

DESMURGET, Michel. *A fábrica de cretinos digitais: os perigos das telas para nossas crianças*. São Paulo: Vestígio, 2021. Tradução de Mauro Pinheiro.

ELLIOTT, Luther *et al*. The Contribution of Game Genre and other Use Patterns to Problem Video Game Play among Adult Video Gamers. *International Journal of Mental Health and Addiction*, v. 10, n. 6, p. 948-969, Dec. 2012.

EICHENBAUM, A.; BAVELIER, D.; GREEN, C. S. Video Games: Play that Can Do Serious Good. *American Journal of Play*, v. 7, n. 1, p. 50-72, 2014.

ERICKSON, L. V.; SAMMONS-LOHSE, D. Learning Through Video Games: The Impacts of Competition and Cooperation. *E-Learning and Digital Media*, v. 18, n. 1, p. 1-17, 2021.

ESA – ENTERTAINMENT SOFTWARE ASSOCIATION. Essential Facts about the Computer and Video Game Industry. [S.l]: ESA, 2015. Disponível em: https://templatearchive.com/esa-essential-facts/. Acesso em: 17 abr. 2023.

FERGUSON, C. J.; OLSON C. K. Friends, Fun, Frustration and Fantasy: Child Motivations for Video Game Play. *Motivation and Emotion*, p. 154-164, 2013.

FERGUSON, C. J. *et al*. Violent Video Games, Catharsis Seeking, Bullying, and Delinquency: A Multivariate Analysis of Effects. *Crime & Delinquency*, v. 60, n. 5, p. 764-784, 2010. Disponível em: https://doi.org/10.1177/0011128710362201. Acesso em: 17 abr. 2023.

FROLIK, Cornelius. Gaming Addiction Can Tear Families Apart. *Dayton Daily News*, Aug. 14, 2010. Disponível em: https://www.daytondailynews.com/news/local/gaming-addiction-can-tear-families-apart/lBVocSCx2IuVjQxElr4eSK/. Acesso em: 17 abr. 2023.

GRIFFITHS, M. Technological Addictions. *Clinical Psychology Forum*, v. 76, p. 14-19, 1995.

GRIFFITHS, M.; MEREDITH, A. Videogame Addiction and its Treatment. *Journal of Contemporary Psychotherapy*, v. 39, p. 247-53, 2009.

IBGE (INSTITUTO BRASILEIRO DE GEOGRAFIA E ESTATÍSTICA). *Pesquisa Nacional por Amostra de Domicílios Contínua (PNAD Contínua)*. São Paulo: IBGE, 2021.

JACKSON, L. Parents' Behavior Linked to Kids' Videogame Playing. *ScienceDaily*, Sept. 7, 2011. Disponível em: https://www.sciencedaily.com/releases/2011/09/110907104703.htm. Acesso em: 17 abr. 2023.

KING, D. L.; DELFABBRO, P. H. The Cognitive Psychology of Internet Gaming Disorder. *Clinical Psychology Review*, v. 34, n. 4, p. 298-308, June 2014.

KUSS, Da. J.; GRIFFITHS, M. D. Internet Gaming Addiction: A Systematic Review of Empirical Research. *International Journal of Mental Health and Addiction*, v. 10, p. 278-296, 2012.

LANDHUIS, C. E.; POULTON, R.; WELCH, D.; HANCOX, R. J. Does Childhood Television Viewing Lead to Attention Problems in Adolescence? Results from a Prospective Longitudinal Study. *Pediatrics*, v. 120, n. 3, p. 532-537, Sept. 2007.

LEE, P. *et al*. Internet Communication Versus Face-to-face Interaction in Quality of Life. *Social Indicators Research*, v. 100, n. 3, p. 375-389, Feb. 2011. Disponível em: https://link.springer.com/article/10.1007/s11205-010-9618-3. Acesso em: 17 abr. 2023.

LORENZ, R. C.; GLEICH, T.; GALLINAT, J.; KÜHN, S. Video Game Training and the Reward System. *Frontiers in Human Neuroscience, on-line*, v. 9, n. 40, Feb. 2015. Disponível em: https://www.ncbi.nlm.nih.gov/pmc/articles/PMC4318496/. Acesso em: 17 abr. 2023.

MCSWEENEY, F. K.; MURPHY, E. S.; KOWAL, B. P. Dynamic Changes in Reinforcer Value: Some Misconceptions and Why You Should Care. *The Behavior Analyst Today, on-line*, p. 341-347, 2001. Disponível em: https://psycnet.apa.org/fulltext/2014-44005-006.pdf. Acesso em: 17 abr. 2023.

METCALF, O. P. Attentional Bias in Excessive Massively Multiplayer Online Role-Playing Gamers Using a Modified Stroop Task. *Computers in Human Behavior*, p. 1942-1947, 2011.

O'NEILL, R.; HORNER, R.; ALBIN, H. *Functional Assessment and Program Development for Problem Behavior: A Practical Handbook*. Pacific Grove: Brooks/Cole, 1997.

PETRY, N. M. *et al*. An International Consensus for Assessing Internet Gaming Disorder Using the New DSM-5 Approach. *Addiction*, v. 109, n. 9, p. 1.399-1.406, Sept. 2014.

ROTONDI, V.; STANCA, L.; TOMASUOLO, M. Connecting Alone: Smartphone Use, Quality of Social Interactions and Well-Being. *Journal of Economic Psychology*, v. 63, p. 17-26, Oct. 10, 2017. Disponível em: https://doi.org/10.1016/j.joep.2017.09.001. Acesso em: 17 abr. 2023.

SANTAELLA, L.; FEITOZA, M. *Mapa do jogo: a diversidade cultural dos games*. São Paulo: Cengage Learning, 2009.

SPEKMAN, M. L. C.; KONIJN, E. A.; ROELOFSMA, P. H. M. P.; GRIFFITHS, M. D. Gaming Addiction, Definition and Measurement: A Large-Scale Empirical Study. *Computers in Human Behavior*, v. 29, n. 6, p. 2150-2155, May 31, 2013.

SUBRAMANIAM, Mythily. Re-Thinking Internet Gaming: From Recreation to Addiction. *Addiction*, v. 109, n. 9, p. 1407-1408, Sept. 2014.

WHO (WORLD HEALTH ORGANIZATION). *International Classification of Diseases: ICD-11 for Mortality and Morbidity Statistics*, 2019.

YAU, Y.; POTENZA, M. Internet Gaming Disorder. *Psychiatric Annals*, v. 44, n. 8, p. 379-383, 2014.

Capítulo 10

ARORA, S.; BHATTACHARJEE, J. Modulation of Immune Responses in Stress by Yoga. *International Journal of Yoga*, v. 1, n. 2, p. 45-55, 2008. Disponível em: https://pubmed.ncbi.nlm.nih.gov/21829284/. Acesso em: 17 abr. 2023.

BANGEN, K. J.; MEEKS, T. W.; JESTE, D. V. Defining and Assessing Wisdom: A Review of the Literature. *American Journal of Geriatric Psychiatry*, v. 21, n. 12, p. 1.254-1.266, 2013.

BLUMENTHAL, J. A. *et al.* Exercise and Pharmacotherapy in the Treatment of Major Depressive Disorder. *Psychosom Medicine*, v. 69, n. 7, p. 587-596, 2007.

BRASIL. Ministério da Educação. Base Nacional Comum Curricular. Brasília, DF, 2018. Disponível em: http://basenacionalcomum.mec.gov.br. Acesso em: 16 abr. 2023.

CARLOTTO, M.; CÂMARA, S. G. Síndrome de burnout e estratégias de enfrentamento em professores de escolas públicas e privadas. *Psicologia da Educação*, v. 26, n. 1, p. 29-46, 2008.

CARVER, C. S.; SCHEIER, M. F.; SEGERSTROM, S. C. Optimism. *Clinical Psychological Review*, v. 30, n. 7, p. 879-889, 2010.

CASEL (Collaborative For Academic, Social and Emotional Learning). Disponível em: http://www.casel.org/. Acesso em: 17 abr. 2023.

DAMÁSIO, A. *O erro de Descartes: emoção, razão e o cérebro humano*. São Paulo: Companhia das Letras, 2012.

DOLEV, N.; LESHEM, S. Teachers' Emotional Intelligence: The Impact of Training. *CRES*, ed. esp., v. 8, n. 1, p. 75-94, 2016.

EKMAN, P. *A linguagem das emoções*. São Paulo: Lua de Papel, 2011.

ESTANISLAU, G. M.; BRESSAN, R. A. *Saúde mental na escola: o que os educadores devem saber*. Porto Alegre: Artmed, 2014.

EVANS, G. W. The Built Environment and Mental Health. *Journal of Urban Health*, v. 80, n. 4, p. 536-555, 2003. Disponível em: https://link.springer.com/article/10.1093/jurban/jtg063. Acesso em: 17 abr. 2023.

FÉART, C. *et al.* Potential Benefits of Adherence to the Mediterranean Diet on Cognitive Health. *Proceedings of the Nutrition Society*, v. 72, n. 1, p. 140-152, 2013.

GOLEMAN, D. *Inteligência emocional: a teoria revolucionária que redefine o que é ser inteligente*. Rio de Janeiro: Objetiva, 2012.

LAMOND, A. J. *et al*. Measurement and Predictors of Resilience among Community-Dwelling Older Women. *Journal of Psychiatric Research*, v. 43, n. 2, p. 148-154, 2008. Disponível em: https://pubmed.ncbi.nlm.nih.gov/18455190/. Acesso em: 17 abr. 2023.

MAMMEN, G.; FAULKNER, G. Physical Activity and the Prevention of Depression: A Systematic Review of Prospective Studies. *American Journal of Preventive Medicine*, v. 45, n. 5, p. 649-657, 2013. Disponível em: https://pubmed.ncbi.nlm.nih.gov/24139780/. Acesso em: 17 abr. 2023.

MARQUES, A. M.; TANAKA, L. H.; FOZ, A. Q. B. Avaliação de programas de intervenção para a aprendizagem socioemocional do professor: uma revisão integrativa. *Revista Portuguesa de Educação*, v. 32. n. 1, p. 35-51, 2019.

MARQUES, A. M. *et al*. Emotional Education Program: A Participative Intervention with Teachers. *Qualitative Research Journal*, v. 21, n. 3, p. 274-285, 2020.

MAUSBACH, B. T. *et al*. The Attenuating Effect of Personal Mastery on the Relations between Stress and Alzheimer Caregiver Health: A Five-Year Longitudinal Analysis. *Aging Ment Health*, v. 11, n. 6, p. 637-644, 2007.

O'NEIL, A. *et al*. Relationship between Diet and Mental Health in Children and Adolescents: A Systematic Review. *American Journal of Public*, v. 104, n. 10, p. e31-e42, 2014. Disponível em: https://www.ncbi.nlm.nih.gov/pmc/articles/PMC4167107/. Acesso em: 17 abr. 2023.

RATEY, J. J.; HAGERMAN, E. *Spark: The Revolutionary New Science of Exercise and the Brain*. Nova York: Little, Brown and Company, 2008.

REPETTI, R. L.; TAYLOR, S. E.; SEEMAN, T. E. Risky Families: Family Social Environments and the Mental and Physical Health of Offspring. *Psychological Bulletin*, v. 128, n. 2, p. 330-366, 2002. Disponível em: https://pubmed.ncbi.nlm.nih.gov/11931522/. Acesso em: 17 abr. 2023.

STEWART, D. E.; YUEN, T. A Systematic Review of Resilience in the Physically Ill. *Psychosomatics*, v. 52, n. 3, p. 199-209, 2011. Disponível em: https://pubmed.ncbi.nlm.nih.gov/21565591/. Acesso em: 17 abr. 2023.

UCHINO, B. N. Social Support and Health: A Review of Physiological Processes Potentially Underlying Links to Disease Outcomes. *Journal of Behavioral Medicine*, v. 29, n. 4, p. 377-387, 2006. Disponível em: https://pubmed.ncbi.nlm.nih.gov/16758315/. Acesso em: 17 abr. 2023.

UMBERSON, D.; MONTEZ, J. K. Social Relationships and Health: A Flashpoint for Health Policy. *Journal of Health and Social Behavior*, v. 51, supl., p. S54-S66, 2010.

VAHIA, I. V. *et al*. Correlates of Spirituality in Older Women. *Aging Ment Health*, v. 15, n. 1, p. 97-102, 2011.

VANCE, D. E. *et al*. Religion, Spirituality, and Older Adults with HIV: Critical Personal and Social Resources for an Aging Epidemic. *Clinical Interventions in Aging*, v. 6, p. 101-109, 2011. Disponível em: https://www.dovepress.com/religion-spirituality-and-older-adults-with-hiv-critical-personal-and--peer-reviewed-fulltext-article-CIA. Acesso em: 17 abr. 2023.

VIEIRA, M. A. et al. Saúde mental na escola. *In:* ESTANISLAU, G. M.; BRESSAN, R. A. (Orgs.). *Saúde mental na escola: o que os educadores devem saber*. Porto Alegre: Artmed, 2014, pp. 13-23.

YIN, J.; DISHMAN, R. K. The Effect of Tai Chi and Qigong Practice on Depression and Anxiety Symptoms: A Systematic Review and Meta-Regression Analysis of Randomized Controlled Trials. *Mental Health and Psychological Activity*, v. 7, n. 3, p. 135-146, 2014.

Capítulo 11

BANCO MUNDIAL. *Agindo agora para proteger o capital humano de nossas crianças*. [S.l], Banco Mundial, 2021. Disponível em: https://reliefweb.int/sites/reliefweb.int/files/resources/Acting%20now-sumPT.pdf. Acesso em: 17 abr. 2023.

BANCO MUNDIAL. *Políticas educacionais na pandemia da Covid-19: o que o Brasil pode aprender com o resto do mundo*. Versão de v. 2, 2020. Disponível em: https://bit.ly/3KHuPG4. Acesso em: 17 abr. 2023.

BARROS, F. C.; VIEIRA, D. A. de P. Os desafios da educação no período de pandemia. *Brazilian Journal of Development*, v. 7, n. 1, p. 826-849, 2021.

ESTUDO PERDA de aprendizagem na pandemia. *Instituto Unibanco*, São Paulo, 2 jun. 2021. Disponível em: https://www.institutounibanco.org.br/conteudo/estudo-perda-de-aprendizagem-na-pandemia. Acesso em: 17 abr. 2023.

KAFFENBERGER, M. Modelling the Long-Run Learning Impact of the Covid-19 Learning Shock: Actions to (more than) Mitigate Loss. *International Journal of Educational Development*, v. 81, p. 102.326, 2021.

LAU, E. Y. H.; LEE, K. Parents' Views on Young Children's Distance Learning and Screen Time During Covid-19 Class Suspension in Hong Kong. *Early Education and Development*, v. 32, n. 6, p. 1-18, 2020.

LUDOVICO, F. M.; MOLON, J.; BARCELLOS, P. D. S. C. C.; FRANCO, S. R. K. Covid-19: desafios dos docentes na linha de frente da educação. *Interfaces Científicas – Educação*, v. 10, n. 1, p. 58-74, 2020.

MARCHEZINI, V.; FORINI, H. A. Dimensões sociais da resiliência a desastres. *Revista do Desenvolvimento Regional (Redes)*, v. 24, n. 2, p. 9-28, 2019.

ORGANIZAÇÃO MUNDIAL da Saúde declara novo coronavírus uma pandemia. *ONU News*, 11 mar. 2020. Disponível em: https://news.un.org/pt/story/2020/03/1706881. Acesso em: 17 abr. 2023.

ORNELL, F. *et al*. Pandemia de medo e Covid-19: impacto na saúde mental e possíveis estratégias. *Revista Debates em Psiquiatria*, v. 10, n. 2, p. 2-7, 2020.

SILVA, L. *et al*. Educadores frente à pandemia: dilemas e intervenções alternativas para coordenadores e docentes. *Boletim de Conjuntura (Boca)*, v. 3, n. 7, p. 53-64, 2020.

THE COVID-19 PANDEMIC: Shocks to Education and Policy Responses. *World Bank*, 7 maio 2020. Disponível em: https://www.worldbank.org/en/topic/education/publication/the-covid19-pandemic-shocks-to-education-and-policy-responses. Acesso em: 17 abr. 2023.

UNICEF (UNITED NATIONS INTERNATIONAL CHILDREN'S EMERGENCY FUND). *Covid-19: Are Children Able to Continue Learning during School Closures? – A Global Analysis of the Potential Reach of Remote Learning Polices Using Data from a 100 Countries*. New York, 2020. Disponível em: https://www.unicef.org/brazil/media/10006/file/remote-learning-factsheet.pdf. Acesso em: 17 abr. 2023.

WHO (WORLD HEALTH ORGANIZATION). Coronavírus (Covid-19) Dashboard. 2021. Disponível em: https://covid19.who.int/. Acesso em: 17 abr. 2023.

YUNES, M. A. M. Psicologia positiva e resiliência: o foco no indivíduo e na família. *Psicologia em estudo*, v. 8, p. 75-84, 2003.

SOBRE OS AUTORES

▶ **Alcione Marques** Pedagoga (FASB), especialista em Psicopedagogia (Sedes Sapientiae) e em Neurociência do Comportamento (PUCRS), com aprimoramento em Reabilitação Cognitiva, e mestre em Ciências (Unifesp). Tem vinte anos de experiência na área da Educação. Atualmente é diretora da NeuroConecte, onde desenvolve projetos multidisciplinares de educação socioemocional e saúde mental para escolas e organizações diversas. É autora do livro *Educação emocional para professores* (Appris, 2023), coautora dos livros *Conversando sobre saúde mental e emocional na escola* (Fundación MAPFRE, 2021) e *Promovendo saúde mental e emocional na escola* (Fundación MAPFRE, 2023).

▶ **Gustavo M. Estanislau** Médico psiquiatra, é especialista em Psiquiatria da Infância e da Adolescência pelo Hospital de Clínicas de Porto Alegre (HCPA/UFRGS). É pesquisador e consultor técnico do Instituto Ame Sua Mente, onde participa da implementação da intervenção Saúde Mental na Escola como parte do Módulo de Implementações do Centro de Pesquisa e Inovação em Saúde Mental (CISM), uma parceria entre USP, Unifesp e UFRGS. Atuou como pesquisador e coordenador do Projeto Cuca Legal (Unifesp), como pesquisador clínico do Programa de Reconhecimento e Intervenção nos Estados Mentais de Risco (PRISMA) da Universidade Federal de São Paulo (Unifesp) e como membro do Grupo de Estudo sobre Adições Tecnológicas (GEAD) da Universidade Federal do Rio Grande do Sul (UFRGS). É palestrante e consultor em instituições de ensino e psiquiatra clínica, e coautor do livro *Saúde Mental na escola: o que os educadores devem saber* (Artmed, 2014).

Especialistas convidados

▶ **Alexandre Saadeh** Psiquiatra com doutorado pela Universidade de São Paulo (USP). Estuda há mais de vinte anos as questões de gênero e transexualidade, sendo uma referência na área. É coordenador do Ambulatório Transdisciplinar de Identidade de Gênero e Orientação Sexual (AMTIGOS) do Instituto de Psiquiatria do Hospital das Clínicas em São Paulo (IPq-FMUSP).

▶ **Ana Laura Godinho Lima** Professora livre-docente de Psicologia e Educação na Faculdade de Educação da Universidade de São Paulo (FEUSP). Orientadora de mestrado e doutorado na mesma instituição, atuando na área de Cultura, Filosofia da Educação e História da Educação. Suas pesquisas inserem-se nos campos da História da Psicologia Educacional e História da Infância.

▶ **Ana Paula Dias Pereira** Graduada em Psicologia, tem mestrado e doutorado em Saúde Coletiva pelo Departamento de Medicina Preventiva da Universidade Federal de São Paulo (Unifesp). Especialista em Psicologia Hospitalar, é professora de Saúde Coletiva, Políticas Públicas e Psicologia Hospitalar do curso de graduação em Psicologia da Universidade Nove de Julho (UNINOVE) e de Metodologia Científica de cursos de pós-graduação *lato sensu*, além de pesquisadora na área de prevenção ao uso de drogas.

▶ **Cesar Callegari** Sociólogo, educador e consultor educacional. Foi secretário de Educação Básica do MEC, secretário de Educação do Município de São Paulo e membro do Conselho Nacional de Educação (CNE), onde presidiu a Comissão de Elaboração da Base Nacional Comum Curricular. É presidente do Instituto Brasileiro de Sociologia Aplicada (IBSA).

▶ **Clarice Sandi Madruga** Graduada em Psicologia pela Pontifícia Universidade Católica do Rio Grande do Sul (PUC-RS), mestre em Neurociências pela Universidade Federal do Rio Grande do Sul (UFRGS) e em Psicologia com ênfase em Dependência Química pela Universidade de Sussex, e doutora em Psiquiatria e Psicologia Médica pela Universidade Federal de São Paulo (Unifesp) e pelo King's College de Londres. É pesquisadora associada do King's College de Londres desde 2010 e professora afiliada do Departamento de Psiquiatria da Unifesp, onde concluiu o pós-doutorado do Programa Nacional de Pós-Doutorado (PNPD). Atua na área de Epidemiologia do Uso de Substâncias Psicoativas e Prevenção.

▶ **Edson Roberto Vieira de Souza** Psicólogo de formação, especialista em Saúde Mental pela Escola de Enfermagem da Universidade de São Paulo (EEUSP) e em Gestão de Saúde Pública pela Faculdade de Ciências Médicas da Santa Casa de São Paulo (FCMSCSP). É docente do curso de pós-graduação em Suicidologia: Prevenção e Posvenção, Processos Autodestrutivos e Luto na Universidade São Caetano do Sul (USCS) e do curso de especialização Morte e Psicologia: Promoção da Saúde e Clínica Ampliada na Universidade Cruzeiro do Sul.

▶ **Eliza Rika Ikeda** Pedagoga com especialização em Administração Escolar e Orientação Escolar pela Universidade de São Paulo (USP). Além de ter ampla experiência como professora, foi coordenadora e diretora escolar no Brasil por dezoito anos. Atualmente, é professora de japonês e *soroban* (ábaco japonês), conduzindo alunos em campeonatos no Brasil.

▶ **Julio Groppa Aquino** Professor titular na Faculdade de Educação da Universidade de São Paulo (FEUSP). Mestre e doutor em Psicologia Escolar pelo Instituto de Psicologia da Universidade de São Paulo (IPUSP). Tem pós-doutorado pela Universidade de Barcelona e livre-docência pela FEUSP. É autor de diversos livros.

▶ **Karina Okajima Fukumitsu** Psicóloga com pós-doutorado em Psicologia pelo Instituto de Psicologia da Universidade de São Paulo

(IPUSP). Coordenadora da pós-graduação em Suicidologia: Prevenção e Posvenção, Processos Autodestrutivos e Luto na Universidade de São Caetano do Sul (USCS).

▸ **Mary Neide Damico Figueiró** Psicóloga, professora sênior da Universidade Estadual de Londrina (UEL) e doutora em Educação pela Universidade Estadual Paulista "Júlio de Mesquita Filho" (Unesp). É especialista em Educação Sexual pela Sociedade Brasileira de Sexualidade Humana de São Paulo (SBRASH), tendo se dedicado intensamente ao tema nas últimas décadas, com vários livros publicados.

▸ **Nadia Aparecida Bossa** Doutora em Psicologia da Educação pela Universidade de São Paulo (USP) e mestre em Psicologia da Educação pela Pontifícia Universidade Católica de São Paulo (PUC-SP). Especialista em Neuropsicologia pelo Instituto de Psiquiatria do Hospital das Clínicas da Universidade de São Paulo (IPq-FMUSP) e pela Santa Casa de São Paulo. É coordenadora do Laboratório de Neuropsicologia na Universidade de São Caetano do Sul (USCS) e professora visitante na Florida Christian University, exercendo a função de coordenadora do Mestrado Acadêmico em Neurociência.

▸ **Sanderli Aparecida Bicudo Bomfim** Doutoranda em Educação Escolar na Faculdade de Ciências e Letras da Universidade Estadual Paulista "Júlio de Mesquita Filho" (Unesp, *campus* Araraquara), mestre em Educação Escolar pela mesma universidade, pedagoga, especialista em Relações Interpessoais na Escola e em Construção da Autonomia Moral pela Universidade de Franca (UNIFRAN). É professora do curso de pós-graduação As Relações Interpessoais na Escola: das Competencias Socioemocionais à Personalidade Ética, do Instituto Vera Cruz e atua na formação de professores de redes de ensino particular e pública. Também é do Grupo de Estudos e Pesquisas em Educação Moral (Gepem – Unesp/Unicamp), realiza pesquisas sobre a adesão a valores morais em adolescentes, *bullying* e protagonismo juvenil no ambiente escolar.

▶ **Sandra Trambaiolli de Nadai** Mestre em Educação Escolar pela Faculdade de Ciências e Letras da Universidade Estadual Paulista "Júlio de Mesquita Filho" (Unesp, *campus* Araraquara), psicóloga especialista em Relações Interpessoais na Escola e em Construção da Autonomia Moral pela Universidade de Franca (Unifran) e especialista em terapia de família, casal e comunidade. Atua na formação de professores e pais e realiza pesquisas sobre educação parental e sua relação com os problemas de convivência na escola. É membro do Grupo de Estudos e Pesquisas em Educação Moral (Gepem – Unesp/Unicamp).

▶ **Susana Graciela Pérez Barrera** Especialista em Educação Especial – área de Altas Habilidades pela Faculdade de Educação da Universidade Federal do Rio Grande do Sul (Faced-UFRGS) –, mestre e doutora em Educação pela Faculdade de Educação da Pontifícia Universidade Católica do Rio Grande do Sul (PUC-RS) e tem pós-doutorado pelo Centro de Educação da Universidade Federal de Santa Maria (UFSM). É sócia-fundadora do Conselho Brasileiro para Superdotação (ConBraSD), tendo sido presidente da instituição por quatro gestões e presidente de sua comissão técnica. Atuou como presidente e membro do conselho técnico da Associação Gaúcha de Apoio às Altas Habilidades/Superdotação (AGAAHSD). É delegada do Uruguai no World Council for Gifted and Talented Children (WCGTC) e foi consultora da Organização das Nações Unidas para a Educação, a Ciência e a Cultura (Unesco) para a Secretaria de Educação Especial do Ministério da Educação (MEC) (2007, 2011), além de docente em cursos de extensão e pós-graduação.

Este livro foi composto com tipografia Adobe Garamond Pro
e impresso em papel Off-White 70g/m² na Formato Artes Gráficas.